太平山5000日◉目次

太平山5000日

奥村清明

無明舎出版

◉表紙写真（提供）――無明舎出版
本文写真（提供）――奥村清明

Ｖ　冬山と事故と動物たち

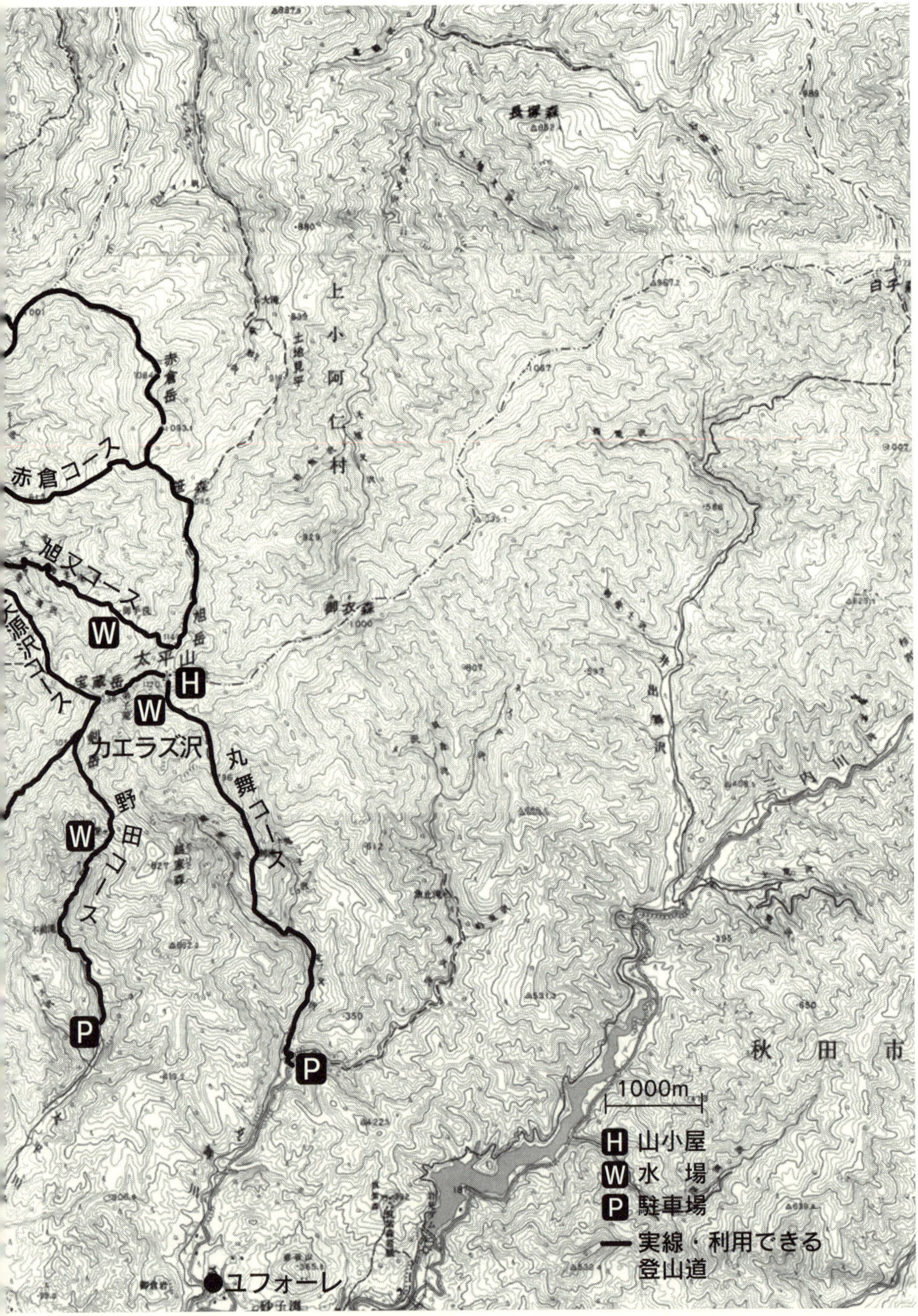

赤倉岳
赤倉コース
旭又コース
源沢コース
旭岳
太平山
宝蔵岳
カエラズ沢
丸舞コース
野田コース
上小阿仁村
御衣森
秋田市
1000m
H 山小屋
W 水　場
P 駐車場
実線・利用できる登山道
ユフォーレ

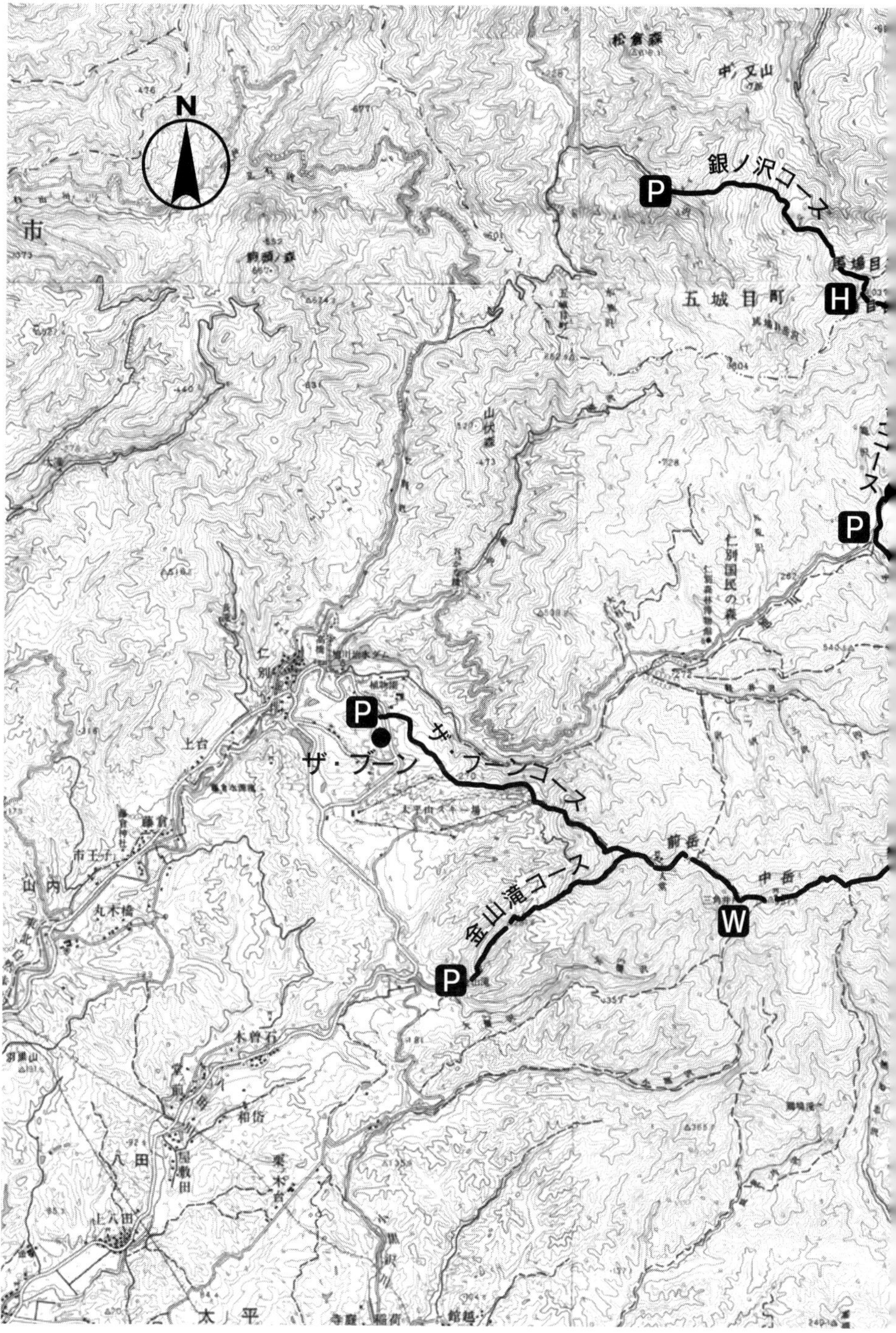
N
松倉森
中ノ又山
銀ノ沢コース
五城目町
市
山伏森
仁別国民の森
仁別
ザ・ブーン
ザ・ブーンコース
金山滝コース
前岳
中岳
上台
藤倉
市王子
山内
丸木橋
木曽石
和佐
八田
上八田
太平
寺庭
館越

太平山5000日

Ⅰ　山日記から

前岳女人堂で

御手洗神社（女人堂）

山頂 500m. カエラズの沢

1日目

（2001年2月14日　63歳）

今年初めての冬山。といっても太平山前岳女人堂までである。

オーパス・スキー場の向かって左側のリフト終点からヤブを漕いで尾根を目指す。すぐにきれいにトレースされた踏み跡にぶつかった。さらに男女二人の登山者と会った。聞くと、下のザ・ブーン登山口からすでにトレースはあるという。

この山は冬山用トレースが間断なく女人堂まで、入山する人々によってつけられているものらしい。

初めてのことでビックリした。ウィークデーなので入山できるのは老人が多い。この男女は高齢のようだったが足腰はしっかりしていた。

このトレースに入ればスノーシューズは不要だ。334mの分岐を過ぎ、急坂にかかると喘登の連続。コースは硬くツルツル滑るので同行の人たちは12本爪アイゼンを着用している。尾根に上がってからは楽だった。前岳稜線に出る急斜面は吹きさらしのブナの斜面で、風で先行者のトレースが消えてしまうほど。女人堂小屋の中は暖かかった。

14日目

（2001年4月11日　63歳）

太平山の雪解けは、まるで音を立てるように雪量が減っていく。女人堂にいたるザ・ブーンのルートからの4㎞余の夏道はすべて使えるようになった。女人堂の稜線部分のみが、まだ雪の下。明日からはアプローチシューズで登れそうだ。

夏道での長靴での山行は問題だ。靴の中で足が汗をかき下山すると靴下が濡れている。アプローチシューズだと、おそらくタイムも10分近く短縮されるかもしれない。

キクザキイチゲの白と紫の花を初見。これからは毎日のように新しい花に出会える。登山者は二人のみ。

26日目

（2001年5月7日　63歳）

午後から雨の中、前岳女人堂。さすが人っ子一人いない。雨の山もまた捨てがたい風情がある。林の中は鮮やかな緑の彩りのなかに静かに沈んでいる。雨が降ったので明日あたりからは山菜が一斉に萌え出すだろう。アイコ、ホンナ、ヤマワサビはもちろんワラビも満を持して飛び出してくるはずだ。

雨天のせいかマムシも姿を見せなかった。雨が降ればカエルも騒ぎ出し、ネズミ、モグラなどマムシの餌も動き出す。

27日目

（2001年5月10日　63歳）

昨夜遅くから雨脚も少し収まり、リズミカルに屋根に音を刻んでいる。今日は長靴で登った。Fさんが雨具を着て山で集めた薪を担いで登ってきた。女人堂小屋に常に薪がつまれて、冬でも暖かい火に包まれているのはこのFさんのおかげだ。「これは俺の趣味」とFさんは謙遜するが、素晴らしいボランティア精神。「ありがとう」とお礼を言う。

29日目

（2001年5月13日　63歳）

5月11日から3日間、44回中央地区高校総体の登山競技が太平山系で行なわれた。部員数が少なくなって審査パーティは男8、女4のパーティだけ。審査委員長として参加した。

この大会は6月2日からの全県総体登山競技のプレ大会で、コースもそのまま使われる。11日は八田の三吉神社からザ・ブーンまでの9・9㎞のタイムレース。12日目は前岳、中岳、奥岳を経て丸舞口を下りユフオーレへ。13日、つまり今日は井出舞園地から林道沿いに3・7㎞の地点まで各顧問の車で入り、そこから歩き出す。林道から離れて尾根に取り付く地点は標高640m。急登が続いて尾根まで750m、標高差290m。ここから白子森までは

1・7㎞で標高差229mをかせぐ。白子森の頂上は円い雪嶺になっている。好天も手伝って展望はこれ以上は望めないほど。このコースは昨年、中央地区の高校登山部の生徒や顧問がボランティアで刈り払ったルートである。

30日目　（2001年5月17日　63歳）

昨日から一転、雲ひとつない好天。風もさわやかで、Tシャツにベストで前岳に。汗もあまりかかず丁度よかった。昨日はアオバトの酔ったような鳴き声を聴いた。これは一度聞いたら忘れられない。夜の川反でよく耳にする嬌声にも似ている。これを聞いてクマの鳴き声だと思った人もいたそうだ。きれいな緑色のハトである。鳥の声といえばアカショウビンの声も印象に残る。沢沿いを登るとキロロ、キロロとよく鳴いている。赤い体でくちばしの大きな鳥だ。全国各地に「キロロの森」と命名された自然公園があるが、これはアカショウビンの鳴き声から名付けられたものだ。

105日目　（2001年8月26日　63歳）

米田一彦さんのツキノワグマについての本を3冊持っている。実践的な裏づけのあるものだけに大変参考になる。クマはやはりいきなり出会わないことが肝心のようだ。それがクマの害を防ぐ決め手のようである。出会って攻撃されたらただの怪我ではすまない。単独入山してあのツメで襲われたら失血死で一巻の終わりだ。いちおう山男のプライドもあり、鈴や鐘など一度もつけて登ったことがない。でも米田さんの本を読んでくだらない見栄は捨てることにした。北海道で購入した、ヒグマ用の大きな鈴が2つあったので、そのひとつを付けて女人堂に。2人以上で登るときは話声があるし、山道でも遠くからそれと分かるが、単独行者とはすれちがうまで、その存在を認知するのが難しい。いつもクマの足跡を見るから、クマはすぐ隣にいるのは間違いない。見栄やプライドを捨てたら、山に入るのも気が楽になった。盛岡市に「アウトバック」というクマ専門店がある。クマよけ鈴と南部鉄鈴を注文した。昨日から集中的にクマの情報を整理して勉強中。気になるものは徹底して実態を知るに勝ることはない。

117日目

(2001年9月12日　63歳)

昨日は台風の接近で馬返し(334m)まで行って帰ってきた。毎日登っている湯沢台のFさんは、いつものようにザ・ブーンから入山したという。ザ・ブーンの入り口から334m地点までの2・3㎞の丁度半分ほどの地点、つまり下の自転車道から登山道に上がってくる道が合流する地点でクマに遭ったという。すぐヤブに消えて、直後に2人の登山者が登ってきたそうだ。3人で歩いていると、大きなブナの木のところで、またクマが道に現れて登山道に座り動かなかったという。にらみあい10分近く続き、シビレを切らしたFさんは、クマのそばを歩いて上に登り、下りてきてもまだクマは座ったままだったそうだ。残された二人は、その間ずっと震えていたらしい。

139日目

(2001年10月19日　63歳)

移動性高気圧の通過で今日も晴れ上がった。山から帰って新聞を読み終わり、フト思いついて鳥海山矢島口の七つ釜小屋に行くことにした。この小屋の柱にマジックで「秋田山岳会　奥村清明」という落書きがあった、と知らせてくれた人がいたからだ。もちろん私がそんなことをするはずはない。悪意を持ったいたずらというか嫌がらせなのだろう。先日、『秋田の山登り50』(無明舎出版)という本を出したばかりなので、それへのやっかみか何かなのかもしれない。サンドペーパーの粒大のものを購入して袮川へ。小屋は新築されたばかりで柱も新しく、私へのもの以外に落書きはなかっただけに、実に不快な気分になった。約10分かけてけずり落とす。袮川から登り45分、下りも40分。

171日目　(2001年12月6日　64歳)

昨夕四時半頃、消防車のサイレンがうるさく、窓外を見てもなにも見えなかった。テレビのニュースでは、暗闇の山の上で火の手が上がっている映像で、その火勢はかなりのものに見えた。太平山前岳頂上付近の火事だった。このことを友人から知らされたFさんは急遽、前岳まで夜に登ってきたという。昨日、入山者は僕とFさんと交通局山の会のIさんの3人だった。Fさんは前岳で小屋の消失を確認し、ザ・ブーンまで下り、8㎞の道を家まで歩いて帰ったらしい。Iさんに電話をして当日の状況を聞いてみた。僕は例によって小屋には寄らず、すぐに下山した。あとの二人が小屋で何をしていたかわからなかったからだが、Fさんは小屋で火を起こしたという。小屋には誰かが持ち込んだストーブがあったが、神社側が火災を心配して禁じていたらしい。二人で温まって食事をし、Iさんは金山の滝ルートで下山。

500日目　(2003年2月21日　65歳)

ザ・ブーンを出発するときは快晴。前夜降った新雪が朝の空気に凍り付いていた。林の中の道は白いおとぎの国を行くような感じだった。

政子（妻）と一緒だったが新雪が女人堂で15㎝。稜線のトレースは全然なく、ラッセルに終始した。しかし昨日までのトレース跡はおぼろげながらわかる。雪はしまっていてもぐることはなかった。

下山して入浴し、レストランで弁当を食べる。このパターンの時は政子と行くときに多い。山道を歩いていると小鳥の囀りが耳につく。カラ類とキツツキ類である。アカゲラ、アオゲラが木をつつく音が林の中にこだまする。マヒワの群れがせわしく飛び回るのを見ると、春はそこまで来ている。

845日目　（2004年4月19日　66歳）

今日は参った。迷った挙句、太平山奥岳にスキーに出かけたのだが、旭又の手前で雪のため車は入れなかった。

車を置いて、昨日新調したばかりの靴ひもを結びなおし歩き出した。靴はスカルパのプラブーツで1988年10月に購入したもの。歩き出して足がもつれた。ヘンだなと思ったらプラブーツが見事にパックリと割れていた。両方ともである。インナーブーツでやむなく引き返したのだが、山中深く入っていたら、大変なことになっていた。冷汗が噴き出してしまった。

これまでもプラブーツ破砕の話はいろいろ聞いていた。破砕した靴をよく見ると、よくぞこんな薄いプラスチックがこれまでもってきたことに逆に驚く。まあ16年も使ったら文句も言えない。もうプラはやめて冬山用革靴を買いにＩＣＩへ行く。

892日目　（2004年6月25日　66歳）

11時から「セレモニー城東」で故丸山芳雄さんの葬儀。僕より1歳若いから65歳で逝ったことになる。高校時代から山岳部で活躍し、中央大学では山岳部のリーダーだった。秋田銀行に勤めていたが辞めて山に専念していた。といっても山登りで食っていけるほど現実は甘くない。いろいろな職業を経験したらしい。丸山さんの人生は山登り一筋の一貫した姿勢に貫かれていた。ヒマラヤの高峰にも何度も挑戦している。若すぎる死だ。葬儀には県内の山男たちが140名くらい集まった。弔辞も弔歌もすべて山登りに関するものだった。冥福を祈っている。

935日目　（2004年8月18日　66歳）

朝から雨天。前岳には僕一人。帰宅したらＦＡＸで注文していた品が宅急便で届いていた。カウンターアソールト1個と専用バックルホルスター、クマよけホイッスルとハチノックSだった。トータルで13760円。このカウンターアソールトはUSA製トウガラシ入り噴射式のクマ避けスプレー。クマだけでなくシロクマ、ヒグマ、ライオン、象にも効果てきめんだという。冒険家の大場満郎やメスナーは北極でシロクマに襲われたとき、これを使って追い払ったそうだ。操作は簡単だ。問題はいかにすばやく、これを取り出して対応できるかだけ。

先日、手形山で散歩中、友人夫妻がクマに襲われて怪我をした。手形山はこれまでクマに縁がなかった秋田市郊外の小さな丘である。ちょっとやばいと思って急遽、この噴射スプレーを購入した。クマにこれを使用した場合、あまりの辛さにクマは2度と現れない、と言うが、本当のところはクマに聞いて見ないとわからない。ただしこれを人間に使用したら確実に犯罪だ。いずれにしろ生き物を殺すことはいやだ。

961日目　（2004年9月22日　66歳）

湿り気の多い日だ。湿気は山における菌類の大繁殖を招く。女人堂から中岳に向かい、軽井沢一の沢分岐地点でサワモダシの畑にぶつかった。登山道から丸見えである。笹に隠れた倒木に足の置き場もないほどサワモダシがオイデ、オイデをしていた。

こうしたキノコの山との遭遇は何度かあったが、女人堂に着くまではキノコをとるなどと考えてもいなかった。ザックは高島屋の通販で買った20ℓのもの。とても入りきらない量だ。妻と二人で全部はあきらめて11kgほどを手荷物にしてきた。（翌日大きなザックを持っていったが12kgほど採ってきた）。

昨夜観た「JFK」というオリバー・ストーン監督の映画はケネディー大統領暗殺をあつかった映画で勉強になった。これが本当だと思う。

９６５日目 （２００４年９月26日　66歳）

久しぶりに太平山主脈の縦走。ひところ奥岳に至るには野田口か今は廃道になってしまった皿見内口が主な道だった。だから主脈の縦走路はひんぱんに使っていた。しかし事情が違ってきて縦走路はほとんど使われなくなってしまった。人の使わない山道は2年もそのままにしておくとヤブ化してしまう。

今回、中岳から剣岳までのルートの下草伐採に作業員が入山した、との報告を受けて昔のルートを歩いてみることにした。旭又を出たのが7時50分で奥岳までは１０５分。ここから主脈縦走にかかったが、伐採したといっても刈られた草や竹が道を覆いとても歩きにくい。奥岳から中岳までは４・８ｋｍだが、これに１００分かかった。旭又から奥岳、前岳を経て馬返しまでは15・５ｋｍ、所要時間は4時間40分。

１０００日目 （２００４年11月13日　66歳）

前岳で7人の入山者に会う。知っている人はいなかった。アスナロ林の急坂で大きなブナの倒木が道をふさいでいる。簡単には伐れない太さだ。でも冬になって雪に隠れると危険なので、半分ほどノコギリで伐り、あとは明日伐ることにした。タカノツメもすっかり葉を落としコマド周辺も寂しくなった。

午後はフリータイム。雑誌『世界』を読む。「世界」の記事は取っつきにくいが、読むと多くのことを教えられる。脳死についての記事を読んで改めて愕然。脳の機能は止まっても心臓が生きている限り、人間は生きていることになる。脳死と判定されて一年も生きた人もいたという。脳死と判定された人から新鮮な臓器を取り出したい医者が多いという。臓器の提供を承諾しなければ、適切な治療をしない医者さえいるというのだから驚いてしまう。

1056日目　（2005年1月13日　67歳）

M商事のSさんが来宅。彼自身が作った「Gansho75」というベクトランを使った長靴持参だ。スパイク部分にマンガンを使った中国製で、それを試用してみてほしいという。「Gansho」は岩礁の意で「75」はSさんが命名した商品番号だという。

今日の雪は重く深かったので2時間では女人堂まで行けなかった。こういう日も年に3、4日はある。冬の雪道はワカンかスパイク長靴かスノーシューを履くのだが、雪質やお天気の具合で使い分ける必要がある。ワカンは雪を押し付ける面積が小さいので、雪が深いとズブズブ埋まってしまう。スノーシューは毎日使うとすぐに履きつぶしてしまう。使用頻度が並ではないし重いのも欠点だ。このベクトラン長靴が一番使い勝手がいいが、まあケースバイケースでやっていくしかない。

1120日目　（2005年3月27日　67歳）

日曜日なので入山者は33人。午後は早くから雨になってしまった。中岳まで足をのばした人たちはもろに雨に襲われたようで心配だ。

毎日、前岳女人堂に登り下りするには当然ながらものすごいエネルギーを使う。それに対応するメリットもまた無限だから続いているのだろう。

毎日登るのだから、こういう機会を利用して山から学べる知識を身に着けたい。そこでまず樹木のことを覚えようと思う。たかが一本の樹木とはいえ春の新緑、秋の紅葉、冬の枯淡、冬芽や初葉、花と実……といった具合で覚えなければならないことは無限にある。まずは今日は写真に撮っておこうと古いニコンF2を押入れから取り出し持っていく。

1281日目　（2005年10月5日　67歳）

政子と前岳に登る。林の中にゾッとする白いものを見つけた。幅30㎝はあるスズメバチの巨大な巣だ。イタヤカエデの巨木の中間にあったのだが、登山道から10ｍも離れていない。

以前も友人と2人で登っていて、急斜面に気を取られて下を向いているので、まったく気がつかなかった。カーブのところでフト顔を上げたら、縦の長さは60㎝近い巣があり、スズメバチがブンブン飛び回っていた。こんな大きな巣を見たのははじめてで驚いた。

下山してすぐ関係者に連絡したのを覚えている。冬になってから巣を落とそうと思ったが、なにせ急斜面にある巣なので危険だ。クマも怖いがスズメバチも怖い。気をつけて彼らを刺激しないようにするしかないが、幸いなことに強雨が流し落としてくれた。

1345日目　（2005年12月25日　68歳）

昨日と今日、大変な大雪に悩まされた。昨日は40㎝近い新雪があった。山ではなく秋田市内の話である。その除雪を終えてから太平山に向かった。ザ・ブーンに向かう県道は一車線だけの除雪で、道の両脇は雪の壁。対向車があれば危険極まりない。ザ・ブーンも雪の中で霞んでいた。車をとめて歩き出したが、ワカンが小さいので腰まで埋まる。雪がやわらかいので膝で雪を押しながら進んだ。こういうときはスロー、スローで進まないとばててしまう。やっと地蔵地点までたどり着くが、すでに2時間経過。いつもの7倍近い時間がかかっていた。後ろからスノーシューズの若者がやってきた。新雪のラッセルではトップとセカンドでは使うエネルギーがまったく違う。

昨日は帰りも苦労した。雪崩のために仁別側の道路が使えなかったため、木曽石側の県道を使ってやっと帰宅した。今日は昨日のトレースが残っていたので利用できた。それでも、馬返しまでやっとの思いで登り、さらに急坂のラッセルを繰り返したが、稜線までは無理だった。

午後からは『世界』を読む。岩波書店から敗戦翌年の1946年1月に発行され、もう60年続いている雑誌だ。特集は「60周年総目次号」。よく見たらシベリヤ抑留についての記事がない。シベリヤ抑留は明白な国際法違反である。ソ連や中国にマイナスになる記事はのせなかったのだろうか。そういえば先日読んだ『脱出記』や『明るい夜暗い昼』という本も欧州から40年遅れで、日本のマイナーな出版社からやっと出たものだ。中身はソ連の内幕を暴いているもので、ソ連を批判することは怖くてできなかった、と言う清水幾太郎の言葉が重い。イヤな世の中だ。

1462日目　（2006年5月27日　68歳）

奥岳までは馬返しから前岳、中岳経由で約10km。180分でいけると考えて、昨日出かけた。

中岳を過ぎてから連続して残雪が現れた。尾根の北西面に張り付いた急峻な雪渓を次々に越えたものの、鶴ケ岳直下の急峻な雪壁は無理だった。ストック一本では、登れたにしても、とても下れない。断念して引き返した。ピッケルがあればよかったのだが。

今日はそこに再度挑戦したのだが、やっぱり今日も甘かった。雪壁はなんなく通過できたが、その後も雪壁は途切れることなく続いた。剣岳が近くなって、まもなく野田口に合流するという地点になってズダズダに切れた雪渓が立ちふさがる。登る気さえあれば1時間くらいで奥岳まで行けた。でももうその気が失せてしまった。なによりも登ることはできても、下りのスリップの危険があまりに大きい。後日にまわすことにした。ここは3月か4月のほうが登りやすい。

1500日目　（2006年7月17日　68歳）

「海の日」で旗日。女人堂には5人の入山者がいた。奥岳まで行くと言う白装束の行者に会った。ノリウツギの白い飾り花が咲き出した。オカトラノオも咲き出していた。

昨夜のNHKのN響アワーでゲストとして立花隆さんが出演していた。池辺晋一郎さんの親友だというから世の中は狭い。立花さんの読書量と勉強のスピード、ものの見方の公平さなど学ぶべきものが多い。フランスの城を買ってワインを作ったり、自分でレコードを作ったり、趣味の幅も広い。「旅は人生のフーガだ」という。フーガとは同じ主題を繰り返し膨らまし演奏することだ。

人間はセンサーをたくさん持っている。そのセンサー、つまり見る、聞く、触る、嗅ぐ、感ずるの五感が刺激されることで新しいフーガが築けるのだという。勉強になった。

山からヒルを一匹持ってきてしまった。

1567日目　（2006年10月1日　68歳）

和奏という名の二歳の孫娘がいる。その下の子が生まれるので、出産のため娘が秋田に来ている。そのため和奏をジジ、ババが世話をすることになった。

そこで彼女をキッズサックで背負い、前岳に登ることにした。昨日は馬返しから女人堂まで背負って登った。30人ほどの人に声援を送ってもらい、彼女も満足の様子だった。オシメの交換など問題ない。下界でもウンコの始末は僕の仕事。赤ちゃんのウンコを見れば健康状態がよくわかる。ジジが背負ってババが後ろからついてくる。夏と違って虫もいない。暑くもないし寒くもない。いい空気を吸って、ゆっくり、ゆっくり、登ればいい。

1697日目　（2007年2月26日　69歳）

快晴無風。山道はカチカチに凍り付いていた。登るときはそれほどでもないが下りの急坂は怖い。

アスナロ坂のトラバースルートでSさんに会った。100名山完登のため、ワゴン車を使って全国を歩いている人だ。帰宅した17時頃、電話が鳴った。今日、山ですれ違ったMさんからだった。カタクリ坂の中間近くで、うずくまっている登山者を見つけたという。それがSさんだった。Sさんはスパイクなしの長靴で、縄を靴に巻いて登ったのだが、果たして急坂でスリップ。倒木に自ら体をぶつけて止まったものの足を骨折していた。Mさんが救助しようとすると「奥村さんに連絡してくれ」と言われ、Mさんは急いでザ・ブーンまで下りた。日も暮れかかっていて、ひとりでの救出は無理だった。Mさんからの電話を受け、すぐに東署に連絡した。ヘリが飛べる限界の15分前だった。Sさんは無事ヘリで病院に運ばれた。

1717日目 (2007年3月25日 69歳)

一週間ほど伊豆半島を旅してきた。2007年度「オオカミ・セミナー」が東京の立正大学で開かれ、その後、伊豆半島のニホンジカによる被害状況の現地調査に参加するためだ。「日本オオカミ協会」は1991年、ニホンジカの研究者たちによって設立された。オオカミという頂点捕食者がいなくなった日本の山は、シカやイノシシが激増して手がつけられなくなった。伊豆半島はその代表的な地域である。

セミナーは東京農工大学大学院生たちによる研究発表で勉強になった。発表者の3人中2人は女性だった。翌日は天城高原ゴルフコース駐車場から天城山に入った。林の中は壊滅的といえるほどひどい状況で、専門家によれば、あと50年もしないうちに天城山は裸の山になるという。シカが背の高さの樹木をみな食べつくすので幼木はない。林の中はスケスケルックさながらだ。木がなくなれば土砂崩壊、海岸汚染を引き起こす。アメリカのイエローストーンから Jim Halfpenny さんも来ていた。一度、人間の都合で崩壊してしまった自然生態系を復活させるには、自然の力を利用するのがベストだ。日本ではオオカミの導入が有効だそうだ。人間ができることなど自然界に関してはほとんどない、ということか。

1759日目（2007年5月15日　69歳）

今日から毎日、奥岳に登ることにした。少し雨模様だが決行。家から旭又までは23㎞。道路は全面舗装されていて今日は車が2台止まっていた。頂上まで108分。スローペースである。頂上で雨になったので傘をさして下りる。まだ少し雪が残っているが夏道に問題はない。下りは80分。これに行き帰りのアプローチ、ザ・ブーンでの入浴タイムを入れると、家を出て帰宅するまでほぼ5時間。これを毎日やるとなると、う〜ん、考えてしまう。前岳女人堂と比べると2倍の時間だ。冬はとてもムリなのでしばらくは夏のみの限定でやってみることにする。

やっぱり前岳と奥岳ではスケールが違う。

2000日目（2007年8月1日　69歳）

妻の政子の70歳の誕生日に予定している富士山登山の訓練と、太平山2000日目の記念を兼ね、旭又口から奥岳に登った。快晴で風もさわやかだったが入山者は10人しかいなかった。稜線に出たら、ハクサンシャジン、ミズギボシ、オトギリソウ、アカモノと次々に現われた。やはり春に比べれば盛夏の花は少ない。

台風5号が明日九州に上陸し、日本海に抜ける公算だ。明後日からは悪天が予想されるので明日は夏油（げとう）経塚山（1372・6m）に登ってくる。10月の「秋田50名山を登る会」の目的地にしたいと思っているからだ。当初は、夜明け島渓谷の「茶釜の滝」を考えていたが70代の人々を、あの悪絶の谷にガイドするのはちょっと無謀だ。ハシゴの途中で誰かにスリップされたら一巻の終わりだ。昨年の羽後朝日岳（１３７６ｍ）の部名垂《ひな》沢遡行が、この会のピークだったと思う。

２２７５日目（２００８年７月14日　70歳）

今日は一人だった。雨が降っていたので傘をさして登る。ツルアリドオシの白い花が咲いていた。

実は昨日までスイス・アルプスに行っていた。10日ぶりの秋田である。

２００２年から「秋田50名山を登る会」を組織して、これまで50山ほどを案内してきた。その会が今年は趣向を変えスイス・アルプスのトレッキングを計画。９名が参加した。

マッターホルンをツエルマットから見たときに、35年前にあそこの尾根を登ったなあ、と言ったら友人の一人が、「もしあんな急崖を登りに来るのだと知っていたら、政子さんは許可しましたか」と僕の妻に聞いた。妻は即座に、「首に縄をつけて家から出しませんでした」と答えていた。僕は35歳のときに、先輩の齋藤重一さんとザイルを組んでアルプスの４Ｍを登っている。４Ｍとは、モンブラン４８０７ｍ、モンテローザ４６３４ｍ、マッターホルン４４７８ｍ、それにメンヒ４０９９ｍの４山のことである。35年と言う歳月は長い。地球温暖化で氷河が大幅に融け出している。高さ１００ｍも氷河が下がってしまったところもあると聞いた。僕は35年前の、アルプスの環境がまだ侵されていない時期に氷河登りを楽しんだわけだ。

２５００日目（２００９年４月６日　71歳）

馬返しまで車で上がった。昨日歩いたところでは3箇所ほど雪の層が厚く車では上がれなかった。馬返しからの登りだと45分くらいで女人堂まで行ける。

今、音読している本は加藤周一の『日本文学史序説』と、丸山真男の『戦中と戦後の間』。今日から三木清の『パスカルにおける人間の研究』もこれに付け加えた。三木清は１９４5年9月、敗戦後すぐに牢獄で疥癬のため死んだ。優れた哲学者だっただけに惜しみて余りある人だった。

今週はずっと移動高のため晴天が続きそうだ。山の雪も一気に融けるに違いない。

2629日目 （２００９年9月8日 71歳）

朝方少し雨が降った。山道は雨で締まって逆に歩きやすい。気温は23度だが、窓から入ってくる風は肌寒いくらい。

山の斜度について考えた。鳥海山矢島口や太平山前岳ルートの斜面で約15度だ。山道は曲がりくねって緩やかにつけられているから平均斜度はもっとゆるい。山スキーで下る斜面なら7度から8度くらいがベストだ。

外国の高峰は40度以上がざらだ。45度もあれば正面から見るとほとんど垂直に見える。マッターホルンもツエルマットから見るとヘルンリ尾根などほぼ垂直だ。クライネマッターホルンから見れば急峻な尾根に見える。これで平均斜度39度。

１９７８年、メスナーが単独で、ナンガパルバット８１２５ｍのデアミール壁を登った。ザイルなしハーケン一つ、荷物は15kgという軽装だ。この壁は長さ４０００ｍ近くあり斜度は45度。ノーザイルということは、下りもアプザイレンしなかったということだ。ちなみに１９７８年、「山学同志会」が登ったジャヌー北壁は隊長の小西政継の記録によると、３２１０ｍのベースキャンプから頂上まで６７５０ｍの固定ザイルを張ったという。この斜度が29度。剣岳の早月尾根で20度だ。45度というのは想像するのさえ難しい斜度だ。

2756日目 （２０１０年2月3日 72歳）

真冬日が二日続いて今朝はマイナス５・６度、日中もマイナス4度以上には上がらなかった。山道は凍りついている上に２cmほどの積雪。下りには５回もスリップ、そのたび尻制動で止まった。政子はこの下山の危険を嫌って休山日。

　雪が降らないと車の運転も慎重になる。エコな運転はブレーキをできるだけ踏まないこと。太平山に行くときも、ほとんど40㎞前後で走っている。これだと燃費が抜群によくなるから面白い。

　先日、藤里にいったとき高速道でも70㎞以上は出さなかった。これが効果的で燃費がぐんとよくなった。最近は車中で関定子のソプラノの「日本の歌」を聴いている。あの心を揺さぶられるような歌を聴いていると、スピードを出す気にはなれない。考えてみれば作曲家や作詞家、歌手が血涙を搾り出すようにして作った音楽を、車を運転しながら聴くこと自体失礼な話だ。

2803日目 （2010年3月27日　72歳）

　赤倉岳にスキー登山。この山の中腹にあるブナ林帯は標高差４００ｍにわたって見事な斜面となっている。前にも何度か滑降したことがあった。

　今回はＫさんを誘ってみた。新雪が10㎝ほど積もっていて、おかげでガリガリに凍っていた斜面も丸みを帯びていた。

　展望台４７０ｍまでは旭又から暗い杉林が続いている。沢の水も豊富だが、スキーにシールをつけたまま沢を渉った。これが失敗だった。杉の葉がくっつき、それに雪が凍り付き、スキー板に大きな氷の塊を引きずったまま登ることになってしまった。

　気温が急速に低下。９時から11時まで寒気の流入のため山は猛吹雪に一変した。標高８００ｍほどのブナ林から早々に下山。見通しも最悪で、よく木にぶつからなかったと思う。下部の杉林も前に来たときはウェーデルンで下ったが、今日はスキーを担いで慎重に下りた。

　この日は太平山の荒れ方は尋常ではなかった、と下山後、ある人から聞いた。

2864日目　（2010年6月4日　72歳）

昨夜、Mさんから電話。彼は秋田高校の一年先輩である。女人堂にある御堂の柱に「俺の山　奥村清明」とマジックでだれかが落書きをしていたという。こうした嫌がらせをする人は察しがつく。人それぞれだから、どうしようもない。この連中は他の悪さもしている。日本山岳会秋田支部が前岳にセットした導標を引き抜いて捨てたのである。イタズラで導標を逆にしたりする人がいるが、それに従って遭難一歩手前までいった事件もある。これは犯罪である。柱のイタズラ書きは消すのに苦労した。シンナーはだめで荒目の紙ヤスリで消した。実はこれが3度目である。

政治家などのセレブは、マスコミなどでこれでもかこれでもかと、ゴシップの種になって書き立てられる。よく神経がおかしくならないものだ。小沢一郎など見上げたものである。

2934日目　（2010年8月23日　72歳）

友人が昨日ザ・ブーンから馬返しまで往復したという。完全武装つまりロングスパッツ、長袖のシャツで入山したのだが、下りてスパッツを脱いだらヒルが3匹いたという。ヤマヒルの数は生半可でないらしい。その話を聞いただけで入山する気は失せかけたが、けっきょく僕も12匹目のヒルにつかれてしまった。下山してザ・ブーンにまわったところで丁度、女性2人と小学生3人が入山するところにであった。ひきとめて事情をはなし、車で馬返しまでの林道に案内。あのまま入山していたらパニックに襲われていたと思う。

帰宅してから登山口に張り出す注意書きを作った。木の標柱に画鋲で止めて張り出すもの。夏の間はザ・ブーンから2・2㎞余りの馬返しまでは通行止めにしたほうがいい。

2958日目 （2010年9月22日　72歳）

昨日見た『オーケストラ』という映画はよかった。旧ソ連のブレジネフ時代、ユダヤ人ゆえに逮捕されラーゲリに追われた天才的バイオリニスト夫妻の一人娘の物語だ。ラーゲリに追われた夫妻は毎日、バイオリンの形をした木を手にして指だけでチャイコフスキーを弾き、凍土に朽ち果てていく。プロレタリア独裁は人間の多様性を認めない。多様性こそ人間社会の核である、と僕は思う。

今日、三巨木のところの同じ木で、登りと下りで同じクマに出遭った。ウワミズザクラの上にサルナシがのびていた。クマはこのサルナシの実を食べるために登っていたのだろう。サルナシはクマの大好物。頭を上にして降りてきたとき、僕とは5mも離れていなかった。僕と正対した位置で止まってじっとこちらを見つめていた。今年に入って5頭目のクマだ。クマの食事を邪魔しては悪いと思い、しばらく別ルートを登ることにする。

2961日目 （2010年9月25日　72歳）

古い日記を読んでいたら山野井妙子さんのことが書かれていた。彼女は山野井泰史さんの夫人で世界屈指のクライマー。20本の手指足指のうち18本を凍傷で失なった。それでもケロリとして生きている強さはいったいどこから来るのか。「強い倫理観だ」と僕は書いている。彼らは山に一切のごみを残さないという。2002年にギャチュンカン7952mの北東壁を登ったとき、ひどい凍傷のために回収できなかったゴミを後年わざわざ回収するためにまた出かけている。強い倫理観はもっとも柔軟で、打たれ強い。

2971日目 （2010年10月8日　72歳）

人間は自然の中で、ゆったりとした時の流れに身を任せて生活する。その中の満ち足りた安心感に異を唱える人はいまい。長野県の安曇野を代表する観光名所「大王わさび園」で、黒澤明が『夢』という映画を作った。旅人役の寺尾聡に水車小屋の老人笠智衆はこんなことを言う。「電気など要らない。人間は便利なものに弱く、そのかわりよいものを捨ててしまう。夜は暗いのが当たり前だ。人間は自然のほんの一部だということを忘れている。学者など自然をいじくり回して得意になっている。人間に一番大切なものはよい空気、きれいな水、それを作り出す草や木だ。その草木を汚し放題にしている。汚れた空気や水は人間の心まで汚してしまった」。

人間はもう後戻りはできないのではないか。

2987日目

（2010年11月7日　72歳）

10月になってから両眼の白内障の手術をした。1眼15分で手術は終わり日帰り。丁度本を読める距離に焦点が来るようにしてもらったおかげで本や新聞を読むのが楽。先日、『捕食者なき世界──生物多様性はなぜ崩壊しているのか』を読んだ。ショックだった。捕食者とは生態系の中にあって頂点に立つ、すべての生物を支配する動物である。その動物がいなくなると生態系は崩壊する。これを「緑の仮説」というのだそうだ。つまり地球の緑を支えているのは、そうした頂点捕食者であるという考え方だ。頂点捕食者はライオン、トラ、オオカミ、ジャガー、ピューマ、イヌワシ、ジャッカルなど。彼らが人間によって殺されてしまった森が、いかに早く崩壊していくかは多くの例で証明されている。日本で言えば、オオカミを人間の都合で殺しつくしてしまった結果、日本の森は崩壊しつつある。

現在、最強の頂点捕食者は人間である。人間はこれまで自分たちより大きくて怖そうな動物をすべて食い尽くし、殺してきた。マンモス、サーベルタイガー、バイソンなど。人間に天敵はいない。天敵のいない動物はどうなるのか。この本に載った論文は2005年、『サイエンス』に掲載され世界中に衝撃を与えたという。

３０００日目 （2010年11月20日　72歳）

「衣食足りて人間はやっと他にもやさしくなれる」と昨日書いたが、必ずしもそうではないようだ。貧しい人々のやさしさは富者のそれとは根源のところで異なるからだ。失うべきものが何一つない人々は他者の痛みがよくわかる。富者は物神崇拝教の原理主義者といっていい。暴力に訴えてでも自分のものを守ろうとする。アメリカなどその典型だ。日本はアメリカの家来であり、食料もエネルギーも他国任せ。とても独立国とはいえない。自分の国の将来を見越して子孫を残さなくなった若者がかわいそうだ。

３０４２日目 （2011年1月2日　73歳）

二日続けて穏やかに晴れ。昨日入山した33人のトレースで踏み固められた登山道は、まるで舗装道路のように歩きやすく登りやすかった。こういう状況だと１５０分で往復できる。

めったに山では会わないＩさんとばったり会った。「体が丈夫なのが自分の唯一のとりえだと思っていたのに不調のため苦戦しています」と年賀状を読んだばかりだった。鳥海山矢島口から5時間50分かかった、とも書いていたが、太平山旭又口は3回の挑戦で頂上まで行けたそうだ。病気は悪魔である。健康であることの幸せはどんなに強調してもしすぎることはない。今年の賀状は１９９枚だった。

１９２４年にエベレストの北面で頂上にアタック、その後消息を断ったイギリスの登山家ジョージ・マロリーのことを書いた小説が今日新潮文庫ででた。マロリーの遺体は75年後の１９９９年、頂上付近で発見されている。マロリーの生きて来し方を読むと、彼はたぐい稀なクライマーだったのがよくわかる。あの当時の服装や装備でエベレストにアタックするなど、今では信じがたいことでただただ敬服の一語。

3101日目　（2011年3月11日　73歳）

午後2時46分頃、大きな揺れ。秋田市は震度5強。壁から落下したものはなかったが、2分くらいは揺れていた。秋田県も全域停電。秋田はまだいいが太平洋岸の人々は、この寒さで高台に非難したといっても、どうしているか心配だ。

今、午後4時53分。川崎のマンションに住む娘の家族の安否は不明。まったく連絡のとりようがないのだ。

3102日目　（2011年3月12日　73歳）

昨夜は電気がなくローソクですごした。外界との連絡の手段はない。長男が心配して車で高梨台（わが家）まで来てくれた。川崎の娘のマンションは13階にあり震度5強だったので横にグラグラ揺れて怖かったという。そばの公園にひとまず非難したらしいが、次女は会社に泊まったという。僕はラジオからだけの情報しか持ち合わせていないのだが、今朝配達された新聞を見ただけで、頭が真っ白になってしまった。まだ連絡がつかない町村がたくさんあると聞き、言葉が出てこない。

3106日目　（2011年3月17日　73歳）

震災の影響で青森県ではガソリンスタンドの6％しか営業していないという。秋田県もほとんどのガソリンスタンドは休業状態だ。おかげで山登りはできず終日在宅。県内の諸施設はすべてクローズ。すべては避難者の生活再建のために力を注ぐべきだと思う。

寒気が入ってきた。避難所で耐えている人にとっては大変な試練である。フクシマ原発の爆発はそれに輪をかけた。これまでの人生をすべて否定され、行政が事実を正確に伝えないため、風評でデマが飛び、人々はパニックに陥る。

事実を正確に知れば人はパニックには陥らない。

3195日目　（2011年7月2日　73歳）

馬返しへの車道に入ったら通行止め。今週、九州に行っている間に豪雨があったらしい。

金山の滝ルートにもガケ崩れが一箇所あり、手前の駐車場に車を置く。ザ・ブーンから登った人も多かったらしいが、ヤマヒルがひどかったらしく、入院した人もいたという。

今日から毎日登山のルートを変え、金山の滝ルートにした。理由は簡単である。馬返しからのルートは短すぎるし、変化に乏しい。金山の滝ルートの半分の標高差や距離なのだ。

3218日目　（2011年7月26日　73歳）

入山しようとして午前八時頃に金山の滝駐車場に入った。ホンダの白のフィットが一台とまっていた。早い人もいるものだと思って駐車場の先の東屋を見てギョッとした。人がぶら下がっている。近づいて大声で呼びかけてみたが、顔面は蒼白で死んでいるのがわかった。天井のハリにロープを結びつけ足は宙吊りになっていた。携帯電話の通じる地点まで戻る途中、滝を見に来た家族連れの車と出合った。女の子も乗っていたので、これはまずいと思い、父親に事情を話すと、逃げるようにバックしてくれた。

110番に連絡。ほどなく15人ほどの警察官がやってきた。すぐに遺体を車に運び入れて引き上げていった。このまま入山してもよかったが、その気も失せ帰宅。太平集落の人で、60歳の男性だった。

3240日目　（2011年8月27日　73歳）

妻の政子がちょっとしたことで足をくじき、大事をとって入院していた。昨日、10日間の入院生活を終わって帰宅。市の社福協に行って車椅子を貸りてくる。ありがたいことである。車椅子で生活することはなかなか難しい。政子の指示で家事一切を僕がすることにした。それにしても体の痛みを訴える妻のそばにいるのは本当につらい。電気のコードのように痛い人から痛くない人に差し込み口を変えて痛みを移せないものだろうか。ロシアの詩人エセーニンは若くして旧ソ連に絶望して自殺する。彼は「天国は要らない。故郷を与えよ」と言い残して逝った。天国など人間社会にはどこにもありえない。あるのは人を安心させることのできる、荒ぶる自然のある故郷である。

3306日目

（2011年11月9日　73歳）

6日、日本山岳会秋田支部で14人ほど参加して登山道の刈り払い。前岳への旧道を切り払い、さらに中岳へ下る山道も、下でトラバースルートと合流する地点まで刈り払った。この道はすぐにヤブ化してしまう。まことにありがたい。

秋田支部では毎年こうしたボランテア活動を展開している。太平山もこうした善意の奉仕活動によって常に安全に清潔に保たれている。登山者に代わって心から感謝の意を表したいと思う。

3379日目

（2012年1月29日　74歳）

昨夕、アルヴェで『ヒマラヤ　運命の山』というドイツ映画を見てきた。観客は5人。ラインホルト・メスナーが出した『裸の山』という本がタネ本だ。1970年、メスナーはドイツ隊に加わってカラコルムのナンガ・パルバット8125mのルパール壁からの頂上にアタックした。弟のギュンターも一緒だ。山男の世界はどこの人間の世界とも同じで、過酷でムキ出しの人間のエゴ、名誉欲、征服欲が激突するところだ。以前に『K2非情の頂――5人の女性サミッターの生と死』という本を読んだことがある。男たちのものとされる登山の世界に女性の優秀なクライマーが入っていくとき、男性たちのジェラシーの嵐のひどさには吐き気を催すほどだった。

海外遠征の登山に参加するのはほとんどプロの登山家である。仕事を持つ人が3ケ月もかかる遠征に行けるわけがない。プロにしてみれば他人より名を上げることが、スポンサー契約と直接結びつく。他人に遠慮などしていられない。メスナーは周囲の激しい憎悪のなかで登頂を強行する。それに弟のギュンターが割り込んでくる。この弟のために登ってきたルートを下山できなくなった2人は別のデアミール壁を下る。そして弟は雪崩のために死亡し、35年後に発見される。なんだか後味の悪い映画だ。

3479日目 （2012年5月31日　74歳）

鎌を持って入山。山道に覆いかぶさってきた草木を切るため。伸びている草木で多いのはミヤマガマズミ、アクシバ、ウワミズザクラ、それにササ。上に行くとササが最も多い。こうして登るといつもの2倍は時間がかかる。でもかまわないでおくと、あっという間に山道はヤブ化する。雨の日などビショ濡れになってしまう。登山道が荒れてくると登る人も少なくなる。しかし、いつも決まってだれかが山の荒れを防いでくれている。山の見晴らしのいいところにベンチを作ってくれる人。道のわかりにくいところに導標をセットしてくれる人。吹雪のときも迷わないように標識をつけてくれる人。雪解けの時期になると、冬の間に捨てられた紙やゴミを回収してくれる人。本当にありがたいことである。誰かに命令されて動くわけではないのに、誰でもが気をつかってくれる。だから山はいつも生きている。

3500日目 （2012年6月23日　74歳）

寒気が入ってきた。折角の高気圧も冷たいしぐれ雨に変わった。気温も19度くらい、寒かった。

自分で好きなこと、必要だとおもうことは年齢とは関係なく体が動く。75歳になって、若い人でさえ躊躇するようなことに体を張っている人もいる。登山で言えば、岩登りをしたり、冬山を単独行したり、という類のことだ。なにかあれば人は「年甲斐もなく」と罵倒する。しかし、そうした常識を意に介さない変わり者もいる。常識は変化するから常識である。変わり者がいなければ歴史は動かない。

3573日目（2012年9月19日　74歳）

今年の夏はとにかく暑かった。酷暑という表現のほうがいい。8月末日まで14日間も30度以上の日が続いた。9月に入ってからも連日30度以上で昨日は36度。今日は35度。予報だと明日はやっと30度を切るらしい。

太平山のような低山では、どんなに工夫しても汗のうまい処理方法などない。裸で登っても汗は出るし、その処理はかえって難しい。汗を吸ってくれる綿のシャツを着て登り、頂上で着替えて下りてくるやりかたが、いいのかもしれない。

冬の寒さに対する工夫も同じだが夏もひたすら暑さと仲良くなるしか方法はない。

3579日目（2012年9月25日　74歳）

カナダのロッキー山中でオオカミのパック（家族）に入り、2年間も山中で暮らしたイギリスの40代の男性の体験記『オオカミの群れと暮らした男』を読んだ。一噛みで殺せる人間を自分たちの群れに入れてくれたオオカミの寛容さにまずは驚いてしまう。彼らと一緒に生肉を食べ、子守の役を与えられ、あの厳しいカナダの山中で2年間も生きた男性もすごいとしか言いようがない。衣服がおもしろい。水を吸わない靴下、つなぎの服を着ていたという。オオカミの行動にはムダや無為の行動はない。一見ささいな、ちょっとした行動でも、しっかりした説明のつくオオカミなりの論理に基づいている。餌の狩りかたにしても、適当に狩っているわけではない。今、群れに必要なのは肉のどの部分なのかを計算して、その肉が得られるまであきらめない。そして獲物である鹿の群れの中のどの一頭を殺すかを決めるオオカミまでいる。かりにこれをアルファアーとする。このアルファアーこそ群れのリーダーのメスである。その他、行動隊長、料理番、子守役など、ちゃんとした役割分担が決められている。犬とオオカミのDNAの差はわずか０・２％。だから犬の中にも役割に応じた区分がある。その犬を見れば、どんな役割をやれる犬かすぐ分かるらしい。

3615日目（2012年11月5日　74歳）

つかの間の晴れ間。半分ほど登ったところで上から男性が一人下山してきた。「登らないほうがいい」と話しかけてきた。「クマでも出ましたか」と聞くと、「人が首を吊っている」と言うではないか。男性は外旭川の70代の人で、携帯電話がなくて、下りてから電話するつもりだったようだ。ここから１５０mほど登った地点の山道右側で、イタヤカエデの木にひもをつるし死人がブラ下がっていた。ズック靴に黒いザック、飲み終わったスポーツドリンクと吸いさしのタバコ、下半身にビニールの雨具をつけて顔は土色、坊主頭の30代とおぼしき男性で舌を大きく出していた。

急いで携帯電話で１１０番。警察が来るまで時間がかかると思い女人堂まで登った。快晴のなか、鳥海山が真っ白く輝いて見事だった。

この日は常連のSさんがトップで登ったのだが脇目もふらずに登ったので、死体には気がつかなかったらしい。僕の次に登ってきた秋田山岳会のA子さんが現場を見て仰天し震えていた。考えてみれば、暗い夜に彼はこの２㎞もある急峻な山道を登ってきたことになる。そういえば駐車場に軽自動車が一台止まっていた。もし山から下りてきて現場に遭遇したら、自分はどうしたろうかと考えながら山を下りた。

3730日目（2013年3月17日　75歳）

日曜にして晴天で風もない。鶴ケ岳（１００２m）

に行ってみた。中岳から1・5㎞くらい。小さいピークを何度も上下する。稜線の南東側には見事な雪庇、これは悪天のときは怖い。ブナ林のぎりぎりを辿っていくしかない。

Tさんに会った。今年で3度目になる太平山環状ルートを縦走してきたと言う。金曜日から入山し、馬場目岳の頂上小屋の下、太平山頂上小屋の下でツエルト・ビバークをし、今朝、奥岳から下山してきたと言う。彼は能代の生まれだが東京で仕事をしていたとき、「山人ノマド」という山の会に所属していた山男である。

鶴ケ岳の頂上はただの雪の塊だった。剣岳を隔てて奥岳の蒼空に立ち上がっているピラミットの白さが印象に残っている。

3828日目　(2013年7月8日　75歳)

山に登ると癒される。なぜなのかよくわからなかったが、『音と文明』という本を読んでよくわかった。聴覚を持つ人間が音として知覚できるのは振動波でいえば20ヘルツから20キロヘルツ。これを可聴域という。普通のオーデオは16キロヘルツまでのものとして作られている。しかし実際に自然界にある音は可聴域をはるかに超える100キロヘルツという超高周波音が、いたるところにあふれている。この超高周波音が人間の脳基幹部を活性化させる生理的反応と、これと平行した心理的反応を呼び起こしている。これをハイパーソニック・エフエクトというのだそうだ。これを日本の研究者たちが、2000年6月、アメリカ生理学会の機関紙に発表し、世界に衝撃を与えた、有名人の音楽コンサートで感動して帰宅、その後でCDを聞いてがっかり、という経験はないだろうか。CDは16キロヘルツまでしか録音できないからである。

ハイパーソニックにさらされると人間はしばしば忘我の境地におちいるという。イタコのトランス状態はその典型である。山にはいればこのハイパーソニックはいたるところにある。風、滝、鳥獣の鳴き声、樹木のざわめき。これを聞くと人間は脳波が活性化し、免疫活性、対ストレス活性が高まり、ガン細胞の増殖を押さえるという。山の動物たちが元気なのは当然だ。

４０００日目 （２０１４年１月14日　76歳）

ホウノキ林の上部からは吹き溜まりの連続でツボ足で登れなかった。できるだけ早い段階でワカンをつけたほうがいい。シナノキ林の通過が70分。ここから女人堂まで30分。稜線の凍風はひどかった。先行していたSさんが下山してきたとき、鼻水を垂らしていた。

今日で太平山系入山４０００日目。太平山系とは、白子森、馬場目岳、赤倉岳、奥岳、中岳、前岳、前岳女人堂などのことをいう。

今日はアトリオンで「オペラ椿姫」の練習があったが行けなかった。

４１２６日目 （２０１４年６月４日　76歳）

外旭川小学校5年生が１００人ほど登ってきた。普段は静かな太平山が若い歓声に包まれて一気に花やいだ。引率する教員たちの苦労も大変だと思うが山登りは児童たちに得がたい経験になると思う。

以前、小学校4年生が登ってきたときに、急坂を降りてくる僕を見て「アッ、仙人だ」と叫ばれたことがある。おそらく帰校後の感想文には「仙人」なる言葉が出てきたのは間違いない。昨日は秋田北中学校の1年生が１０７人、5月17日には秋田大学ワンダーフォーゲル部24人、5月6日には秋田中央高校野球部が25人、元気に登っていた。自衛隊の皆さんもよく訓練で登ってくる。２０１２年には6月から11月まで9回もこのコースを使って訓練をしていた。県警や消防関係の人々も入山する。これは主に冬山である。

4300日目 （2014年12月18日　77歳）

強風がひどく終日風がうなっていた。北海道沖にある低気圧は942ヘクトパスカルという爆弾低気圧だった。積雪も異常だった。新潟県の山間部では2m。あの名古屋でさえ24㎝も積もった。そうしたニュースのなかで山へ行くのは気が引けるが、一旦車の人になるとファイトがわいてくるから不思議だ。県道脇に駐車して歩き出す。今日ははじめからワカン。昨日も今日も僕一人っきり。湿雪で重く、ハーフポイント（360m）までやっと登りついたら60分経っていた。周りは何も見えない。眼鏡などあっという間に曇ってしまう。こういう日は山の動物たちも家族団らんでお休みだろう。

4304日目 （2014年12月23日　77歳）

冬にはワカンをよく利用する。靴に固定する方法はいろいろあってメーカーによって違う。金具をワカンに取り付けているのもある。この金具は使っているうちに紐などより先にダメになる。取り付け方はシンプルにかぎる。僕は1mくらいの長さのアイゼン用テープをワカン用に使っている。靴をワカンにしっかり固定できればいい。テープをグルリと靴の後ろに一回りまわして固定する。後ろをしっかり固めて前は簡単でいい。これでほとんど行動中に取れたことはない。猛吹雪の中でワカンを靴に取り付けるのはつらい。できるだけ簡単にやれるように工夫したいものである。

4351日目 （2015年2月9日　77歳）

今冬最寒の寒気団が日本をスポッと覆ってしまった。秋田市はマイナス5・5度に下がった。朝のうちは雪はほとんど降らなかったので、揚柳観音660mまではトントンと80分かからずに登れた。その上は、低気圧の通過にぶつかり、湿雪が荒れ狂い、猛吹雪が連続して、前に進めなかった。女人堂の下にやっとついたが、周りが何も見えない。風を背にしてしばらく風の息継ぎを待ったが、ますます猛り狂う吹雪にワカンをつけるのもいやになって、下りについた。帽子は百均帽で、ジャケットなど着ていなかったが、東風のため、温度はそんなに低くなかったと思う。先日買った、ウエストが総ゴムの冬用のズボンをはいて登った。高島屋の通販で買った。これはよかった。もちろんベルトは使う。日本海側は、猛吹雪で、明日の朝まで70㎝は積もると予測されている。

今朝、東北道で、20台もからむ自動車事故が発生した。昨日は、前の日に奥岳へ登ってきた東北森林管理局のI次長が下山してくるのに、中腹で会った。一昨夜は、宝蔵岳1036mの近くでビバークしてきたという。同じ日に、日帰りで奥岳に登った人もいたという。午前1時に金山の滝の登山口を出発したらしい。感心してしまう。

4400日目（2015年4月13日　77歳）

九時に奥の駐車場に集合。金山沢に丸木橋をつけかえる作業だ。丸木橋は4mほどで、その下の岩をつたえば沢は楽に渡れるのだが、一旦雨が降ると水が逆巻き、丸木橋は水に隠れてしまう。なんども流されている橋だが、瀬下さんが人知れず修理、修復をしてくれていた。だからわれわれはこの橋を「瀬下橋」と呼んでいるほどだ。

今回は日本山岳会秋田支部の堀井弘さんが動いてくれた。オーパス上部で伐採した杉のうち4本を譲ってもらい、皮を剥いで4mの長さにして持ってきてくれたのだ。

今にも折れそうな古い丸木橋を取り除き、堀井さんが車のタイヤチェーンを、そばの杉の立ち木にしばりつけて橋にくくりつけてくれた。これであと10年はもつ。10人以上の人が参加してくれたのは、ありがたいことである。

4500日目　（2015年7月27日　77歳）

快晴で沢の水は引いた。途中でズボンにヤマヒルがついた。ヒルキラーをふりかけ殺した。

経験者に聞くと、ヒルには塩がいいという。蚊やブヨのように叩いてもヒルは死なない。血を吸われると血が止まらないし、いつまでも痒い。ヒルにつかれて体中を血で赤くして登ってくる人を見ると気の毒である。

人間が逆らえない必然性が自然にはある。時間の流れも止められない。物事の循環も止められない。自然の流れに素直になるしか人間の生きる道はない。人間社会には必然性などない。学歴が高ければ経済的に恵まれる、などということはただの可能性だ。人間社会はほとんど偶然性で構成されている。

そう考えれば少しは気も楽になる。

4610日目　（2015年11月24日　78歳）

小雨が絶えず降っていた。かさや雨具を出すまでもなかった。中腹に、ヒメシャガが一輪、狂い咲きしていた。午後、電話が鳴った。珍しくSさんからだった。彼は太平山前岳登山の常連である。とにかく朝が早い。一人住まいなので、朝、3時頃目が覚めると、もう寝られず、山に来るらしい。冬山でも、よく彼のラッセルを利用させてもらった。僕よりも一回り若いが、体力もあり、登山の勉強もしている。松濤明の『風雪のビバーク』や、小西政継の『ジャヌー北壁』『北壁の7人』などを借りて読んでいた。山に一緒に行く人は沢山いるけれども、僕からこういう本を借りていく人は、ほとんどいない。3年前に、中腹で木にぶら下がって、自殺していた人がいたが、彼はその日もトップで登ったのに、その人に気がつかないで、登ってしまったことがあった。次の日、彼は立派な祭壇を作ってきて、線香をあげていた。集団就職組で、苦労の連続だったらしい。涙なしには聞けないような経験を重ねていた。その彼が、7月16日以来、山に見えなかった。みんな心配していた。7月に、血を吐いたという。すぐ中通病院に運ばれた。検査の結果、肺ガンのレベル3と言われたという。それから治療として、4回に分けて、点滴を一日4時間受けた。これは苦痛そのもので、飲んだり食べたりする気もなく、すぐそこのトイレにも行けなかったという。43kgに体重は減った。

彼には他にも病気があり、これまでも入退院を繰り返してきていた。電話で聞いていてかける言葉も浮かんでこなかった。皆さんによろしく言ってくださいと、最後につぶやいていた。

現生人類ホモサピエンスは、16万年前にアフリカの熱帯雨林で誕生したが、その前の、北京原人、ジャワ原人、ネアンデルタール人などと違うのは、おばあちゃんのいる生物なのだという。おばあちゃんの存在は、継続的な子孫誕生を可能にする。そういえば、他の生物にはおばあちゃんはいない。他の原人とは脳みそは同じだったらしい。オオカミを犬にして、狩りに使ったのも、現生人類が生き延びた原因だという。

4789日目　（2016年6月10日　78歳）

昨秋はめずらしくブナの実が豊作だった。クマもこの冬はゆとりをもって子供を生めたに違いない。山に木の実があれば、クマが里に出ることはない。これほど各地にクマが出没するということは山に木の実が実らなくなったからであろう。すべて人間の仕業である。

先日、ザ・ブーンの温泉でめずらしくBさんに会った。彼は自称「銃を使わないマタギ」だ。彼の師匠はすでに死んだが、Bさんはこれまで5頭のクマを捕ったと言う。Bさんによると、クマの背後からしがみつき鋭利なナイフで首の後ろの頚動脈を切断するのだそうだ。その途端、クマは差込み口からコードを引き抜いたように、あっという間に死に絶えるという。う〜ん、すごい話だが、信じるかどうかはあなた次第。ただし、Bさんはホラを吹いたり、自身の自慢話をしたりする人ではない。

この春、秋田県でもタケノコ採りがクマに襲われ死んでいる。彼は誰も行けないようなタケノコの穴場をたくさん知っている。彼のとるタケノコは一級品で料亭などでは特別扱いで買ってもらえるという。今年も病苦をものともせず八幡平に行きクマと戦ってきたそうだ。

彼は大学を卒業後ラテンアメリカで商社マンとして働いていたが家の都合で帰秋した。そして3人娘たちの学費を稼ぐために山菜取りで働いた。50kg近い山菜を担いで毎日のように、山を上り下りした人だ。いまでは体を壊して太平山の女人堂までも難しそうだ。山菜を採って育った3人の娘は、いずれも秀才ぞろいで一流大学を卒業している。

5000日目　（2017年1月26日　79歳）

今週になって雪が降り、やっと女人堂まで登れた。それでも127分かかった。シナノキ林からワカンをつけIさんと交代でラッセル。今日は太平山入山5000日目だ。女人堂への登頂タッチはIさんが僕に譲ってくれた。

2001年4月から女人堂への毎日登山を始めた。数えてみれば、この間の日数5776日のうち5000日間入山したことになるから、入山率は87%だ。健康だからできたことだ。周りのすべての人に感謝あるのみ。

とくにしっかりした食事を作ってくれている政子には感謝しても言葉が足りないかもしれない。

夜は『オデッサ・ファイル』という映画をTVで再見。音読本は『イエルサレムのアイヒマン』。アーレントの著作だ。

5236日目　（2017年11月3日　79歳）

昨日は登らなくてもいい日だったので、1時間ほど朝寝坊。朝寝坊は大好きだ。

朝9時頃、二ツ井へ。藤里町の市川善吉さん（86

歳）の葬儀だ。彼は10月22日に、東京から来た人々を案内して森吉山へ。桃洞の滝へ行ったが山道の途中で具合が悪くなり、一人車に帰っていると言って下山したきり行方が分からなくなっていた。

５日後、標高差３００m、距離３・５㎞も登った登山道で見回りに来ていた人に発見された。凍死らしい。体調不良の人が、なぜそこまで登ったのかは誰も分からない。

市川さんは白神山地ブナ林保護運動が進められていたころ営林署の職員だった。四面楚歌のなか、一人ブナ林保護の大切さを説いた人だ。合掌。

この９月には八森町の秋田豊さん（86歳）も他界した。彼も町中が青秋林道建設に狂奔しているときに毅然としてその非を説いた人だ。こうした人々がいなかったら白神山地は世界遺産にはならなかった。35年前、「白神山地のブナ原生林を守る会」で活躍したリーダー達で、もう元気な人はほとんどいなくなったのはさびしい限りだ。

先日、金山の滝登山口にある矢櫃沢にかかっている堰堤を越え、サケが遡上していった。応援歌を怒鳴りたくなるほどうれしかった。よくぞがんばったと涙が出そうだった。

いま、『６度目の絶滅』という本を読んでいる。アメリカのコルバートという科学記者が書いたものだ。『沈黙の春』は１９６２年にR・カーソンが書いたものだが、それ以上の衝撃を与えているという。誕生から46億年の地球上に６回あった生物の絶滅はダーウインが言うように、斉一に自然淘汰によってではなく隕石の衝突、火山の爆発、大地震などの地殻変動によって、強制的に起こったという。

この説は１９８０年にアルバレス父子の発表まで誰も問題にしなかった。現在は、人間によって「第６の絶滅」の渦中にあるらしい。２０５０年まで地球上の生物は半分が絶滅する、と書かれている。僕が生きているうちは人類は保つのだろうか。

５２３７日目　（２０１７年11月４日　79歳）

冬型になって寒気が流入し、山の稜線はヒヤヒヤした風が吹いていた。立ち止まるとブルッとふるえがくるほどだった。山道は、いつものように、黄色いオオバクロモジの黄金の道となった。赤く色づくカエデやモミジ類は、今年は目立たないし、アカシデは赤くなる前に、早々に落葉した。

エリザベス・コルバートというアメリカの科学記者の本の中に、面白い表現を見つけた。地球温暖化はもはや、どうがんばっても止まらないと言う。

現生人類が、向こうに何があるか分からないのに、船に乗って、海を横断していったのは、狂気の人だったからだとされている。他の原人たちと違って、現生人類は、欲に限度がない。

つまり、現生人類の特性は、狂気だと言う。なるほどと思った。分かっちゃいるけど止められないのは、狂気の人だけであろう。

5242日目（2017年11月9日　79歳）

1週間で2度も葬儀に出るのは本当に気が滅入ってしまう。

今日は高山豊さん（62歳）の葬儀が秋田市で。彼は高校を出た後、東京で働いていたが家業を継ぐために帰秋した。それにしても、62歳は早すぎる。葬儀では東京から「山人ノマド」という山の会のリーダーが来て弔辞を読んでくれた。彼はこの会に所属していた。高山さんは山男の最もいいところ、正直で、素直で、飾らない人だった。

昔は山男に悪いやつはいないと、よく言われた。汗水たらして重いザックを背負って登るのが楽しいという男は信用できるということなのであろう。金が絡まるギャンブル・スポーツばかりが幅を利かせている昨今だが、高山さんはその対極にいた。

ケインズが『一般理論』を出版したのは1936年。経済学の理論はあくまでも一時期の仮説である。宇沢弘文さんによれば、資本主義も社会主義も幻想に終わってしまったが、これからは社会的共通資本を制度的に確立していく時代に入ったという。

ケインズは自由主義者とリベラリストの違いにつ

いて有名な講演をした。ここに飢えに苦しむ人々がいるとする。自由主義者はこれを見て、「悲惨だ。可哀想だがどうにもならない」といい、リベラリストは前半までは同じだが、「この状態は、なんとかしなければならない」と動き始める。

リベラリストになりたい、と切に思う。

5254日目 （2017年11月22日 80歳）

今日は、いい夫婦の日である。つまり僕の誕生日である。いまのところ、山に登っていても、特別悪いところはない。ありがたいことである。

現在、登山日数は全部で7716日である。これを当面8000日にのばしたい。

山登りなどどうでもいいが、世界中の人が等しく、命を全うできるような世の中になれば、いいと切に願う。

Ⅱ 登山コースあれこれ

奥岳から剣岳まで

秋田県

萩形部落跡

太平山は県立自然公園の面積が11897ha（12㎢）。その中に奥岳（1170・4m）一等三角点を中心としたピークが9峰ある。馬場目岳（1037・4m）、赤倉岳（1084m）、笹森（1045m）、白子森（1179・1m）、剣岳（1054m）、鶴ケ岳（1002m）、中岳（951・7m）、前岳（774m）である。そのピークに登る登山路で現在利用できるのは、馬場目岳銀の沢口、馬場目岳旭又口、赤倉岳旭又口、剣岳野田口、中岳金山の滝口、前岳ザ・ブーン口、奥岳旭又口、奥岳丸舞口である。

ヤブ化して利用できない登山道も多い。

奥岳国民の森口、中岳皿見内口、中岳寺庭口、笹森萩形口、白子森井出舞沢口などである。これらのうち比較的よく整備されていて登山者も多いルートを紹介したい。

断っておくが、登山道は毎年整備しないと、すぐヤブ化してしまう。先にあげた登山ルートもあくまで2017年現在の状況である。

また登山口までの車道についても最近は地球温暖化による大雨や強い台風の激増により、いつ不通になっても不思議ではない。入山する際は最新の情報を確認してほしい。

丸舞口

丸舞口は、1959年に山と渓谷社から発行された『登山地図帳　東北の山旅』では、岩見山内口として紹介されている。58年前の話である。現在利用されている車道などはもちろんなかった。

当時は県道の砂子渕でバスを降り、丸舞川が北の又沢と南又沢に分かれる地点にある登山口（150m）までトロッコの軌道跡を3・6km歩いた。この間は、現在車道となっている。現在でも大雨が降れば崩壊する地点が多く入山する際は注意してほしい。

登山口にはアカシデ林に囲まれた広い駐車スペースがある。ここから沢道が2・3km、尾根道が4・4km、6・7kmで奥岳に達する、と導標にある。標高差は1000mである。

太平山の登山コースでは標高差も距離も最大である。沢道は北の又沢に沿って、篭滝沢と鬼子沢の合流地点（180m）まで続いている。ここは「垢離《こり》執《と》り場」と導標にある。ここまで沢道は30mくらいしか高度を上げていない。野田口の沢道と比較すれば8分の1くらいである。しかし沢は荒れ谷で、巨岩累々と重なり、途中5箇所沢を橋で渡るところがある。これらの橋は安心して渡れる。「垢離執り場」から左に分かれていく篭滝沢は不帰《かえらず》ノ沢と呼ばれている、悪絶の谷である。沢登りの経験のない人は決して入らないほうがいい。

ここから奥岳までは胸のすくような一本尾根。太平山だけではなく県内にはこうした長丁場の一本尾根はない。ここで水を補給して登りにかかる。鬼子沢にかかる木橋をわたって杉林の中を登っていく。アオモリヒバことアスナロの群落が多い。道の左側からは絶えず沢音が聞こえる。

登り始めて40分くらいで炭坑跡に着く。ここは「無煙炭」のとれたところで、ここから不帰の沢を越え越家森《おっけさもり》（８２７ｍ）を経由、野田口の深木沢までロープウエイで炭を運んだという。ここから篭滝沢側に分かれている道を辿れば大滝を見ることができる。この炭坑が稼動していたのは１９１６年（大正５年）から短期間だったらしい。

太平山は「神仏の匂い」の強い山である。各登山口には古い時代からの石像などが登山道沿いに散見される。『太平山系埋もれた石像』という本のなかに、丸舞口の石像は１８７７年（明治９年）に建てられた不動明王だけで、この所在は現在わからない、とある。

丸舞口は太平山では珍しく「抹香くささ」のないルートである。

炭坑跡からはただひたすら登る。ほぼ40分で風穴という地点につく。頂上までまだ２・６㎞ある。右側には鬼子沢が深く切れ落ち、沢の音が樹間を通して聞こえてくる。

やがてトラボ長根という導標を過ぎる。ここは標高８８０ｍで頂上まで１・２㎞。あせらずゆっくり登ろう。ブナ林の中の登りは春夏秋冬、それぞれ趣があり飽きることがない。

春は花と鳥に癒され、夏は緑に染まり、秋は紅葉の色どりに酔い、冬は雪と戯れる。

やがて道は左手の沢を廻り込む。カエラズの沢という地点で水の音に迎えられる。あと頂上まで５００ｍ。ここで腰をおろしておにぎりでも食べたいところである。この尾根道は最近まで一部ヤブ化していたが２０１７年夏、地元の河辺山歩会が中心になって伐り払いをしてくれ、もとの楽しい山道に戻った。この５００ｍが長い。笹竹のゴツゴツした岩石の急登の上方で、頂上小屋がおいでおいでをしている。やっと頂上に這い上がる。

奥岳の参篭所（頂上小屋）は２００８年火災で焼失したが、翌年９月に県内外の多くの人々の浄財を得て再建された。奥宮も2010年9月、改築された。

山頂からは、空気の澄んだ日は秋田県内の山々はもとより近隣の東北の山々も一望できる。

先日、久しぶりにこのコースを登ってみた。登山口から頂上まで200分、下りは150分。80歳のヨロヨロペースでのタイムであるが、所要時間の参考にしていただきたい。

野田口

1994年に太平山三吉神社が刊行した『太平山の歴史』によれば、野田口は奥岳への表道、旭又口は裏道、金山の滝口は中道とされている。

表道は登拝に来る人々が登る道である。毎年7月に三吉神社では開山祭を行い野田口から登る。

野田口はこの祭りに合わせて整備される。しかし最近の大雨や台風の激しさは、昔とはレベルが違う。整備を怠ると一瞬で登れない登山口になってしまう。

野田口の前半2㎞ほどは太平川の源流部をさかのぼる。登山口（170m）からウシバミ沢出合（420m）まで標高差250m。不動の滝（350m）までは沢の中を歩くので、雨の度にルートが変わる。ハシゴ、丸木橋、へづり、徒渉箇所も多い。

野田口は古くから利用されている。

1812（文化9）年7月19日には菅江真澄がこのコースで奥岳まで登っている。途中、女人堂

（700m）で一泊。現在は三吉神社でも奥岳に登拝に来る人々を旭又口に案内しているという。

野田口へは太平野田の集落から、登山口の近くまで4・9㎞の車道を利用できる。半分ほどは舗装されているし、手前には駐車スペースもある。沢の左岸にある赤い鳥居をくぐって沢に入っていくと頂上まで5・5㎞という導標。不動の滝まではルートもわかりにくく45分はかかる。滝は6mくらいあり暗い沢の中でひときわ鮮やかに白い飛沫をきらめかせている。沢の中は大小の濡れ石や流木が散乱。杉、サワクルミ、松、イタヤカエデ、ミズナラなどの大木が覆いかぶさっている。

不動の滝を過ぎると道は右岸にうつり歩きやすくなる。

ウシバミ沢出合に着く。出合からはブナ林の尾根道になる。

女人堂まで一気に標高差300mを登る。女人堂は現在、4体の石地蔵が安置されているだけの小屋である。強風のたびに飛ばされるので太いパイプの骨組みに支えられ太い鎖で杉の大木に結ばれている。以前には沢も流れていて一昔前、山小屋のあったころの楽しさが、偲ばれる。

女人堂を出て剣岳に向かう尾根まで一気に登る。右手の樹間に高く奥岳が聳えている。剣岳（1054m）を経て中岳から奥岳につながる縦走路と合流する。

この縦走路も冬季は稜線伝いに歩ける。夏季は稜線の北西側に道はつけられているが、最近は登山者も少なくヤブ化しているところも多い。

剣岳から奥岳までは1・2㎞ほどの距離だが途中に弟子還《でしがえり》の岩場がある。

別に難しいことはない。鎖が3箇所セットされているので慎重に登れば危険なことはない。

この岩場でも1969年7月、秋田大学の女子学生が滑落する事故があった。

当時、ヘリコプターなどなかったから、大変な救助活動だったが一命はとりとめた。

岩場を過ぎると奥岳はもうすぐだ。所要時間は登山口から沢歩きに70分、女人堂まで40分、剣岳まで60分、奥岳まで60分。距離5・5㎞、標高差1000m、所要時間230分は必要だ。

下りも同じコースを使うとすれば結構ハードな日帰り山行となる。

旭又《あさひまた》口

奥岳に登るとすれば旭又（300m）から入山するのがいい。

1968年ごろまでは、秋田駅東側から出ていた森林軌道（トロッコ）に乗ってアプローチしたものだ。トロッコが廃止された跡は現在、サイクリング・ロードとして整備されている。秋田大学前から国民の森（1968年開園）まで18・6㎞。舗装された道で爽風のなかサイクリングするのも快適で気持ちがいい。現在は、「熊出没につき通行止め」の掲示がある。

旭又までは仁別《にべつ》集落から14㎞ほど、曲がりくねった舗装路を車でいける。途中の国民の森には全国でも珍しい「森林博物館」がある。一見の価値のある施設である。ここから2・6㎞ほどで旭又。トイレやキャンプ場も完備されている。

2017年現在、奥岳に向かう登山口の木橋が流出、回り道を余儀なくされている。

旭又から奥岳までは標高差870m、距離は導標では5㎞。

登り始めは旧トロッコ道をゆっくり登る。すぐ左手に赤倉岳にいく分岐がある。2度ほど沢に架かる橋を渡ると「山の神」（406m）という祠《ほこら》のある地点がある。ここまで来る途中、標高３５０ｍ地点で右に分かれていく道が先年、拓かれている。「矢源沢《やげんざわ》ルート」だ。

天杉の巨木群に頭を押さえつけられるようにして急坂の尾根を登っていくと、やがて弟子還の岩場手前の宝蔵岳（１０３６ｍ）につながる尾根（８６０ｍ）に出るルートだ。

「山の神」から奥岳まではブナ林の中の尾根を登る。アヤメ坂という地点に出る。

菅江真澄が江戸時代にここを下ったとき、ヒメシャガのことを「姫あやめ」と呼んでいた。ヒメシャガが春になればこの急坂を華麗に彩る。

この尾根には惚れ惚れするような天杉が競うように空を切っている。足元を見ればイワウチワが楚々とした風情で囁いている。

やがて標高８３０ｍの地点で御手洗《みたらし》という水場に着く。甘露水である。

以前、この旭又コースを2ヶ月ほど毎日登ったことがあった。

登り１００分、下り80分、合計3時間。道中この御手洗の水だけで何も口にしなくてよかった。

ここからは頂上まではブナ林の中の広い道をジグザグにゆっくり進むと旭岳（１１４０ｍ）と奥岳の中間の稜線に飛び出す。

旭岳は秋田市を貫流する旭川の源流だ。この旭川の名付け親は菅江真澄だそうだ。

奥岳はもう目の前。奥岳まで2時間から3時間あれば大丈夫だ。登りにこのコースを使って下りは弟子還の岩場を経て「矢源沢ルート」で旭又に帰ってくる人も最近は多くなった。

馬場目岳の銀の沢口・旭又口

馬場目《ばばのめ》岳は、旭川の源流域をグルリと囲んでいるU字形の稜線の一角にある。

秋田市と五城目町の境界上に位置している。

馬場目岳の名称は五城目町の集落の名前に由来するが、この山麓はかつては秋田県民歌で歌われているように「斧の音響かぬ千古の美林」として厚く保護されていた。戦後の「拡大造林政策」の嵐によって美林、特にブナ林はバリカンで刈られたように一掃された。

その馬場目川上流のブナ退治の後遺症で、この川の水量は不安定になった。

この川の水は八郎湖の主要供給源である。大潟村の水はこの川にも依存している。

下流の人々が中心になって「馬場目川上流部にブナを植える会」が１９９２年に結成され、すでに25回のブナ植樹活動を行ない1万5千本ものブナを植樹している。ブナ林は水の貯蔵庫である。

秋田県内のブナ林は、全国でも名高い美林で、山々を厚い毛布のように覆っていた。

私はブナ退治前の、全国一とも賞賛された森吉山や鳥海山の限りなく広がる秋のブナ林の華麗さを知っている最後の年代なのかもしれない。

ブナ退治の嵐が収まったのは30年位前である。ブナ林に守られて静かに暮らしていた山の動物たち、特にクマなどの大型動物は、エサを奪われ山から里に下りてきた。

秋田県内で殺されたクマの数は昨年と今年で１１００頭。昨年春の生息頭数を越えてしまった。原因はすべて人間の側にあるのに。

さて銀の沢口の登山口は、五城目町を流れる馬場目川上流部の杉沢集落から狭い林道に入り、落合、蛇喰《じゃばみ》、北の又集落を通っていく。杉沢から14・5㎞車で走ると銀の沢登山口で、標高300m。舗装された駐車場もあり休憩舎もある。

ここから頂上まで標高差737m、距離は4㎞。登り始めは杉林の中の歩きやすい道で、標高差500mを一気に登る。カラマツ台、春蝉台、見返り坂を登って天池という地点に出る。ここは標高805mで、ここからブナ林だ。明るいブナ林を登っていくと、胸突き八丁という急坂を過ぎ、一挙に頂上に飛び出す。

ここには快適な二階建て小屋が待っている。頂上からは太平山系の主要部分が俯瞰できる。あると き座って双眼鏡をのぞいていたら突然イヌワシが視野に飛び込んできた。イヌワシは悠然と大きく旋回しながら奥岳の彼方に消えていった。

旭又口は標高300mからの出発となる。頂上まで距離は5・3㎞、赤倉岳から馬場目岳に伸びる稜線（950m）までは急坂の連続である。登り始めの杉林がきつい。稜線からはゆるいブナ林の中の山道となる。ちょっとした上り下りを繰り返して、頂上直下の開けた草原を登り詰めると頂上に飛び出す。所要時間は二時間半くらいだろうか。

廃道になりつつある登山道

これから紹介する登山道は、一昔前はしっかり整備されていて安心して登れたが、今は荒れ放題、人間の手が入らなくなって登れなくなった登山道を紹介しよう。

太平山の山々は秋田市内の山岳会や麓の集落の人々、営林署や県や市、高校山岳部の顧問たちによって、実によく整備されていた。１９６６年ごろの話だ。現在とを比較してみると、その社会の変化には恐ろしくなる。例えば１９６６年、高校教師をしていた私の年収（手取り）は62万円だった。現在の８分の１くらいだろうか。車などもってる人はいなかった。元気な子供たちが多かったのは大人たちにも将来の夢があったからだろう。さらに日本中が登山ブームに沸いていた。世界中に未踏峰や岸壁がいくらでもあったから登山に夢があった時代でもあった。

生活が豊かになり一人一台の車を所有する時代になって、廃道の登山道が増えはじめた。

皿見内口《さらみない》

秋田市太平の皿見内集落から中岳と鶴ケ岳をつなぐ稜線の中間に出るルートだ。

野田口の無知志沢を沢登りしていくと最後の詰めはこの皿見内口とぶつかる。土地の炭焼きの人々が踏んでいるうちに道になったものらしい。

中腹にある鶏鳴滝（２９０ｍ）まではハイキングコースとして使われていたし、途中に牧場もあって牛がのんびり草を食んでいた。道は緩やかで登りやすかったので奥岳や中岳に登るルートとしてよく利用されていた。

私が所属する秋田山岳会でも上部の雪渓を利用して、春になれば雪上講習会をおこなったものである。登山口から稜線まで3時間はかからなかった。

１９６6年10月に秋田高校で第一回太平山全校登山を行なった。全校生徒が参加するのである。当時、秋田高校は１５００名以上の生徒がいたから学年別にコースを変えて登った。皿見内口は二年生が登った。私も頼まれて同行したのでよく覚えている。

５００名もの人間が一気に登ると、どんなに注意しても山道はすぐに壊れてしまう。旭又口中腹にある御手洗の水も、大勢に踏みつけられ、すぐに濁ってしまったほどだ。

私が赴任した米内沢高校では森吉山、秋田工業高校時代は太平山、秋田中央高校ではやはり太平山全校登山を企画した。生徒・職員には歓迎されたが、大人数登山で一挙に山道は荒れるので、以後こうした企画はしないことにした。

それにしても当時の高校生は元気そのものだった。米内沢高校では１９６3年に第一回の森吉山全校登山を実施したが、現在の内陸線の比立内駅で下車、戸鳥内集落の登山口まで４㎞歩き、それから森吉山に登り、下りは森吉山ダムで沈んでしまった桐内集落まで一気に歩いた。20㎞はあったと思う。今、高校教師がこんな山歩きの企画を立てたら父兄から訴えられるのは間違いない。

寺庭口

寺庭口は、太平の寺庭集落から仁別へ通ずる狭い車道を小黒沢川沿いに走り、途中で右手の山道に入る。

２００7年発行の2・5万地図「太平山」にも登山道の鎖線が記入されているが、現在このルートは廃道になって久しい。

この登山道は１９６５（昭和40）年、秋田市の矢留山岳会が創立五周年を記念して拓いたルートである。中心になったのは鈴木定男というユニークな山男だった。ほとんど彼と仲間たちによって整備されたといってよい。

小黒沢沿いに道をつけ、途中に小屋まで建てていた。沢は大雨のたびに荒れるので誰でも登れるようにハシゴ、ザイル、巻き道などを作り導標もつけた。

１９６６年9月には、このコースを使って県民体育大会山岳競技も行なわれている。

標高３８０ｍの地点からは沢を離れ、中岳まで距離２㎞のブナ林の急坂を登っていく。この急坂はきつい。沢の部分の距離を入れると登山口から中岳まで６㎞近くあるルートだ。

鈴木さんが早逝したこともあってコースの整備もままならず、次第に登山者の足も遠のいてしまった。

こうした「ルート拓き」に情熱を持つ山男はもう出ないのかもしれない。

白子森《しらこもり》

太平山系の最高峰は白子森（１１７９・１ｍ）である。この山へのアプローチも長い。岩見ダムから阿仁合の比立内《ひたちない》に通じていた林道を走ると、井出《いで》舞《まい》園地に着く。おいしい水が湧き出ているところである。

ここから左折して井出舞沢の左岸につけられた林道に車を走らせる。この林道はおよそ９km延びているが途中４kmほどのところまで車が入れる。あとは人一人がやっと歩ける林道だ。

標高６５０ｍの地点から右側の尾根に取り付き急坂を２９０ｍ登って９５０ｍの稜線に出る。ここから比較的なだらかな稜線を登るがルートは分かりにくい。

途中、遭難慰霊碑が立っている。白子森に山道を拓くために努力した当時の国鉄職員のものだ。白子森頂上は平らな地形になっていて二等三角点がある。車を置いた地点が３３０ｍなので歩いた林道部分も入れて頂上まで距離６km、標高差８５０ｍである。

稜線まで登れば見事なブナ林に迎えられる。動物の姿も多い。

このコースを使って２００１年６月に全県高校総体の山岳競技が行なわれた。

それから5年後に登ったときも登山道はまだ利用できた。

最近は登山道もヤブ化して、一般の人が登るのは難しい。

１９８5年9月、この山にはじめて一人で登ってみた。当時は車も林道部分をまだ走れた。歩いていると上からザザッと石が落ちてきた。なんだろうと見上げると、クマだった。

萩形口《はぎなり》

上小阿仁村の萩形集落は県内でも最奥の人里である。もっとも近い八木沢《やぎさわ》からでさえ8㎞ある。1822（文政5）年、阿仁の萱草《かやくさ》・根子《ねっこ》から11世帯が移住して拓かれた集落だ。江戸時代はここを通って太平山に登拝する人が絶えなかった。1962年ころは38戸、分校にも34人の子供たちがいて、元気に勉強していた。無人になったのは1970年だ。

秋田市から登山口までは国道285号を走って上小阿仁村に入る。すぐに右折し八木沢、萩形ダム、萩形集落跡を通り抜け、萩形沢沿いの車止め（450m）まで行く。秋田市から75㎞もあり、285号を離れてから27㎞も林道を走らなければならない。

ここから萩形沢に下りていく。沢を5ヶ所ほど徒渉して、3㎞歩くとキンカ沢（660m）。ここから沢を離れて土地見平（850m）まで1・5㎞を登る。笹森までは緩いブナ林を登ること2・1㎞。車を降りてから笹森までは標高差600m、距離6・6㎞の行程である。

かつては道もよく整備され、山菜も豊富で、静かな山旅を楽しめたルートだった。笹森から奥岳までは2㎞ほどの尾根歩きとなる。このコースを日帰りで奥岳まで往復するとすれば、かなりハードな山行となる。

毎年、初夏に行なわれる、太平山の山開きに参加する上小阿仁の山人たちは、いまでは、このコースを使えないので、車で旭又まで来て、赤倉コースを使い、笹森を踏んで、奥岳に至るという。

Ⅲ　自然・歴史・文化

中岳のカモシカ

太平山の自然（Ⅰ）

日本にはじめて本格的な山岳会が創られたのは1906年（明治39年）。発起人8人のうちのひとりである高頭式編の『日本山嶽志』が、その翌年に博文館から刊行されている（1360頁の大著）。この本には全国2130山が紹介され、もちろん太平山も入っている。ちなみに日本山岳会創立100周年を記念して2015年に『新日本山岳誌』が発行され（こちらは1992頁）。これには3200山が紹介されている。全国の500人が執筆している。

前書では太平山について「鳥海火山帯の森吉火山群の一峰だ」とあり、後岳（奥岳）については「羽後の国南秋田・北秋田・河辺の3郡にまたがる。南秋田郡太平村大字山谷より四里二十八町にしてその山頂に達す。花崗岩および第3紀層よりなり山頂はまったく第3紀層よりなる。標高3452尺（1045・9m）」。

この第3紀という地質年代は、およそ6500万年前から170万年前までをいう。この時代は造山運動が盛んでアルプス、ヒマラヤが形成された時期である。太平山もこのときに隆起したと思われるが、火山ではない。だから鳥海山や秋田駒ケ岳のように山腹に緩やかな平原や湖はない。全山が険しくそそり立ち、周囲を睥睨している感じである。稜線から流れ下っている沢は急崖が多く、滝が連続している。不帰の沢（篭滝沢）の入り口に入山禁止の柵がセットされていたくらいである。

主稜線は奥岳から剣岳（1054m）、中岳（951・7m）前岳（774m）を経て金山の滝（100m）へと下り、蛇野にいたる。

大蛇がくねくねと横たわっているように見えるので、1812年（文化9年）に太平山に登った江戸時代の紀行家、菅江真澄はこの山を「おろちね」と呼んだほどである。

この主稜線は奥岳から南西に伸びている。冬季の季節風はこの稜線の西側の山腹に雪をたたきつけ、さらに稜線を越えて東側の山腹に大量の積雪をもたらす。

秋田市内の平均年降水量は1700㎜前後で、最深積雪もこれまで38㎝くらいである。太平山の麓、藤倉の観測では、年降水量は2500㎜前後だから、さらに標高が高い稜線部分は平地に比べて1000㎜前後多い降水量になるものと思われる。しかし最近は地球温暖化の影響で、雪量はどんどん減少している。前岳・女人堂（714m）でも最深で2mくらいである。

太平山の自然（Ⅱ）

秋田県の森林限界は1200m前後である。

ブナやミズナラなど3m以上の高木が成長できなくなる標高だ。

太平山の頂上付近は針葉樹林帯になっても不思議ではないのだが、奥岳の頂上周辺は一望千里の高山の様相を呈している。県内の他の山々では1200m前後になればブナの矮小木やミヤマナラのような低木が生育する。さらに八幡平や森吉山に見られるように針葉樹の森も広がるが、太平山にはない。気象条件や地質地形による擬高山帯を成している。

奥岳には一等三角点の本点がある。一等三角点にはほかに補点がある。これは1辺が25㎞くらいでお互いに三角形にセットされている。本点は国内の測量では最も重要なところで一辺が40㎞くらいに設置される。

ちなみに秋田県には9個所の本点がある。すべて山の頂上にある。幟山（211・1m）、森吉山（1454・2m）、中岳（1024・2m）、田代岳（1177・8m）、太平山（1170・4m）、和賀岳（1439m）、丁岳（1145・6m）、三森（412・1m）、本山（715・2m）である。

太平山は地形が急峻で気象条件も厳しいため観光道路や林道の建設が少なかった。太平山県立自然公園（11897ha）が比較的自然が保たれているのはそうした理由による。

森もまだ残されている。野生動物の生息環境としては日本でも恵まれているほうだ。秋田市を貫流する旭川の源流域を成す、稜線に囲まれたU字形の2500haもの森林は、カモシカ生息密度が100ha当たり8頭という、全国一ともいえる調査記録がある。クマも多い。動物の安定した生息域は豊かな植物層に支えられている。

古い記録になるが1964年に刊行された秋田高校生物部OB会による「秋田県太平山の植物」によれば、分布上注目すべき植物として、キバナウツギ、リシリシノブ、ミツバノバイカオウレン、イワテシオガマ、オクエゾサイシン、イブキトラノオなどをあげている。

雪も多く日本海側に分布する植物としては、ヒメシャガ、ヒメアオキ、エゾユズリハ、タムシバ、ヒメモチ、ウゴツクバネウツギ、マルバマンサク、ミネザクラ、アカモノ、イワナシなど。

樹木については全国的に有名な秋田杉をはじめ、高木、低木とりまぜて豊かな森を形成している。

アカマツ、ブナ、ミズナラ、ホウノキ、トチ、アカシデ、アズキナシ、センノキ、シナノキ、アオダモ、カツラ、タカノツメ、それにサクラ類やカエデ類は枚挙に暇がない。

山菜も豊かだ。渓流には魚が群れている。山はそこにすむ動物たちの「家」であり、そこから移動できない植物たちの聖域である。整然として息づいている深い森はそこに住む植物や動物たちがお互いに助け合いながら長年にわたって作り上げてきたものである。

ここには人間の果たした役割などほとんどない。そこに人間が入りこむわけである。当然、他人の家にお邪魔する「マナー」が必要となる。地球にともに暮らす生き物たちの倫理である。

縄文時代の太平山

「いにしえ」とは縄文時代からの長い年月である。縄文時代は最後のヴェルム氷期が終わってほぼ一万年前、急速に地球が暖かくなった時期から始まる。

現代はやがて来る次の氷期までの間氷期。現代に至るまで太平山を取り巻く自然環境に基本的な異変はなかったといってよい。

太平山を覆う植物相は冷温帯落葉広葉樹林帯だ。ブナやナラを主体としている。さらに太平山は火山ではないから基本的に生成したときと山体に変化はない。それは鳥海山などの火山と比較すればよくわかる。鳥海山は噴火を繰り返し、そのたびに山体を変えている。

1801年、わずか200年前の大噴火では、象潟が隆起し新山が形成された。享和元年に発生したので「享和岳」と呼ばれていた。

火山ではなく、しかも気候も現在とそんなに変化はなかった太平山は、標高も森林限界ぎりぎりで、雪の時期も年間の3分の1くらい、人間が入山するのにあまり抵抗はなかったのではないだろうか。

縄文時代は採集狩猟生活だ。衣食住は野生動物と同じ条件下だったということになる。この時代は長期間にわたるので一概にはくくられないが、縄文晩期（2300年前）について言えば、人口は全国でほぼ15万人、平均寿命は11年、1日3時間体を動かせば食べることができたと言われている。汗水たらして働いて、しかもストレスの塊のような現代のわれわれの生活とは雲泥の差である。

太平山の周辺にも縄文時代の遺跡は数多い。私が住んでいる秋田市の高梨台にも縄文時代中期の遺跡がある。日本列島でも北方にある秋田は採集狩猟には適していなかったと思われがちだが、専門家によると、縄文晩期には人口の半分が東北地方に集まっていたと言われる。

他地域の酷暑、台風、渇水は、雪よりもずっと暮らしのマイナス要因に作用したのかもしれない。なによりも人を引き付けたのは落葉広葉樹林の恵みだったのではないだろうか。

人々は太平山に足しげく入山した。食用となる木の実、きのこ、山菜、動物、魚、薪炭や住居、衣服用の樹木、獣皮、それに薬草など、太平山には何でもそろっていた。

やがて縄文時代が終わるBC300年頃、大陸から水稲稲作の技術が日本に伝わる。

考えてみれば水稲稲作は一年中田にしばられる。1日3時間も働けば喰っていけた生活を楽しんでいた自由人たる縄文の人々には、抵抗もあったのではないだろうか。

役小角《えんのおづぬ》が開祖？

西暦350年頃に成立したとされる大和朝廷から、蝦夷《えみし》を支配するために大軍を率いて土崎の港に阿倍比羅夫がやってきたのは658年。これを迎えた秋田蝦夷の族長・恩荷《おんが》たちは弓矢を携行していた。稲作技術が入ってすでに何百年も過ぎていたのに、当時、水稲稲作だけでは生活できなかったから、採集狩猟生活は重要な生活手段であった。

登山の初登頂はよくニュースになる。しかしこと日本の山に関する限り、私はあまり問題にはならないと思う。ヨーロッパ・アルプスやヒマラヤなどの登山用の道具や技術の必要な高峰は別である。富士山をはじめ日本の山には氷河はないし、夏季に頂上に登れないような山などない。

剣岳（2999m）に初登頂と期待され、1907年7月に陸軍の測量隊が登頂したときも、頂上には平安時代のものとみられる錫杖の頭と鉄剣、そこには生活した跡まであったという。このとき測量隊は長次郎雪渓にルートを取っている。これも山麓にいた修業中の行者から聞いたものである。何人もの人がすでに剣岳には登っていたのである。

槍ヶ岳（3180m）にも播隆が1828年7月、槍沢経由で登頂している。このときも地元の鷹庄屋中田又重郎がガイドしている。

明治時代、日本の北アルプスを英文で世界に紹介したウエストンも、地元ガイドなしには登頂は不可能だった。日本の山々の初登頂は、ほとんど地元に住む狩人などの山人によって、既に登頂されていた山ばかりである。記録がなかっただけなのだ。

太平山も役小角（634～706）によって開かれたという説もある。木曽御岳（3063m）をはじめ全国の山の創建にもこの役小角の名が登場する。空海（774～835）と同じで、後世の人にとっては名前の利用価値が高かったのだろう。役小角は役行者とも呼ばれ、大和の葛城山（960m）に住んで山人となり、修業を積んで後に妖術使いと呼ばれ、大和朝廷の権威を笑った自由人であり民衆のヒーロー的な人物だった。朝廷は彼を嫌った。空海より140年も前の人である。空海は仏教のオブラートに包まれた修験道の開祖である。

2013年に英国山岳会と英国王立地理学協会によって『世界の山岳大百科』が刊行された。五千年前頃の山男で、1991年にアルプスの氷河の中から発見されたアイスマン、エッツイをはじめ世界中のおよそ百人の傑出したアルピニストが紹介されている。日本からは3人がその中に入っている。その一人が空海である。あとの2人は槇有恒と沢登りのトップ集団「ぎりぎりボウイズ」である。

天狗伝説のない山

日本の山々についての文献をひもとくと、修験道、修験者、神鬼、魔物、精霊、神霊界、呪術者などの言葉がよく出てくる。

自然と文化がはっきりと分化されていなかった時代では神崇拝のアニミズム（多神教）が発達する。

キリスト教などの一神教では教会しかないが、日本では土地ごとに異なる神を祀る神社がある。さらにその神との交流をはかるのがシャーマンで、いにしえの日本では超自然的霊力と交流できるものを呪術的職能者と呼んだ。

彼らは民衆を統べる術を持っていた。呪術的職能者は険しい山岳に入って超自然的能力を得たとされる修験者たちだった。しかし権力者にとって彼らは脅威でもあった。平安期以降、修験者は呪術的宗教に連なるものとして、国教たる仏教の正系からはずされていく。

日本は国土の7割近くが山岳である。国土が日本の64％しかないイギリスでも平地は日本の1・8倍もあるし、イタリヤでは国土が日本の79％なのに平地は日本の2・7倍もある。

日本人は山と森に囲まれたわずかな平地で暮らしてきた。

有史以来、戦乱は絶えることがなく、戦乱では勝者と敗者が出る。敗者は奴隷として売られるよりはと山に逃げ込んだ。幸い日本の山々には、人間が生きていく上で不可欠な水と食糧が豊かだ。平家の落人伝説だけではなく、山に逃げ込んだ人々はさまざまだった。人の世がいやになったものはもちろん、障害者もライ病者もエタと差別を受けた化外の民も山に逃げ込むことが多かった。

こうした人々がそれぞれの職業を得て、山では生きていけた。日本の山の持つ懐の深さである。化外の民の代表格がサンカだろう。

1950年ごろまで、サンカと呼ばれた人々は主に西日本の山々で生きていた。彼らには戸籍もなかったから、戦争中に軍隊に狩り出されることもなかった。

江戸時代の紀行家・菅江真澄は、「いずこの嶺にも山鬼の路とて嶺の通路はありけるものなり」と記している。

どこの山にも天狗伝説や神鬼伝説は存在する。太平山にも三吉《さんきち》と言う神鬼がいたという。

しかし天狗伝説は西日本の山に多く、太平山にはないようだ。

「つきのおろちね」から

江戸時代後期の1812年（文化9年）、太平山に登った紀行家・菅江真澄の日記がある。その年の7月13日、寺内の鎌田正家（まさやか）の家にいるところから記述は始まる。そして7月20日、山頂から下山にかかり、22日、久保田に近づいていくところで記述は終わる。原本を読むのは大変だが、幸い現代語訳で日記を読むことができる。平凡社ライブラリーの「菅江真澄遊覧記」（1巻～5巻）の中の第5巻に「つきのおろちね」として収録されている。この紀行が太平山についての文献としてはもっとも信頼の置けるものだ。

「つきのおろちね」の中には、平城天皇の大同年代（806年―810年）に、太平山頂上に神を祀ったとある。清和天皇の貞観の年代（859年―877年）には、木曽石から前岳・中岳へルートが作られた、ともある。延暦年代（782年―806年）に三吉神社が創建されたとされているから、平安の昔から太平山は足しげく登られていたのだ。

日本人は森の民だから、山に登ることには抵抗はなかった。何よりも山には下界にはない自由があった。全国の名のある山には「講」が組織されていた。人々はこの講に入って山登りを楽しんだ。三吉神社の前宮司・田村泰造著『太平山の歴史』（1994年刊）によれば、太平山講と三吉講はあわせると現在でも全国に220に及び、崇敬者は5万5千人にも及ぶという。

さらに『太平山系埋もれた石像』（1994年刊）によれば、この本に載せられている石像の数は173体にも及ぶ。ほとんどが江戸時代のものである。重い石を山上まで運び上げて設置するには並大抵の組織力では不可能である。人々の願いの切実さに瞠目してしまう。

「太平山」という現在の名称についても一筆しておきたい。

鎌倉時代、大江氏が地頭として現在の太平集落に入った。そのことから大江平《オオエダイラ》と呼ばれるようになり、それがオイダラと訛り、背後の山をオイダラ山と近隣住民は呼び習わし、やがて佐竹氏の入部以来、太平山《タイヘイザン》という名称が定着した、と言われている。

異説もある。全国には多くの同じ呼び名の太平山がある。この多くは大太郎法師《オオタロウボウシ》と言われる神話上の巨人伝説がもとになっている。大太郎法師がなまって「オオダラボッチ」になりやがて「おおだいら」が「太平」と表記され現在に至る、という説だ。

真澄は健脚

江戸時代は、久保田側だけではなく、北側に位置する上小阿仁村側からも、修験の先導で太平山への登拝は盛んにおこなわれていた。

最奥にある集落の萩形《はぎなり》はすでに1822年（文政5年）に拓かれている。1969年にダム工事によって登山道が閉ざされるまで147年間も、萩形は太平山の北の入り口として栄えていたのである。

県内の山々の中で、太平山ほど麓に住む人々の願いが張り付いていた山はなかった。

石像ひとつを見つめていても、かすかな風に乗って当時の人々の唱和する声が聞こえてくる。

菅江真澄の「つきのおろちね」に戻ろう。この中には1812年ごろの太平山の登路の様子や頂上のお堂、篭舎、動植物、登ってくる人々などについての記述もある。

真澄は7月18日、太平目長崎に一夜の宿を取った。一行はいずれも名にしおう歌人たちだ。道中での歌を紹介する。

「草枕　かりぬるやどに　すずむしの　ふるさとしのぶ　声こそをきき」（目長崎にて）

7月19日には、目長崎を7、8人で出発、現在の野田口から入山。険しい沢路を辿って女人堂（700m）まで登る。

女人堂は新城の黒川村の鉄玄法師が苦労して建てたお堂で、広さ2間と3間（6坪）の建物だ。寛政年代（1789年—1801年）まで、女性もここまでは登れたのだ。多くの女性登山者でブナ林に歓声や嬌声が絶えなかったという。日常のしがらみから開放された空間がそこにはあった。

真澄が登ったときには、もうこのお堂は小さくなっていた。女人堂でも一首。

「吹きわたる　風こそなけれ　いや高き　みねより峰の　雲のかけ橋」

真澄の一行には案内人や強力もついた。

同行した人々は歌友達であったから「移動歌会」といってよい。この山行でも数多くの名歌を残している。

夕方近くなって弟子還の岩場に来た。三尋（5・4m）の鎖が下がっていた。「たっちら」（ダケカンバ）の木があったという。

やっと頂上にたどり着いた。

大峰（奥岳）にはすでに三吉神社のお堂があり、隣に篭舎もあった。篭舎は満員だったので、狭いお堂にやっと横になった。登りのルートは現在とあまり変わりない。

真澄が登った日は雨模様だったらしい。7月とはいえあの険路をよく登ったものである。

真澄は59歳。あの当時の59歳はりっぱな後期高齢者なのに見事な健脚である。

真澄が迷った道

夜半、雨が降った。ここで一首歌っている。

「見るほども　なお空たかく　ときのまに　雲たちかくす　夜半の月かげ」

翌日は晴れ上がった。旭又口の旧道カラ滝ルートを下った。

「山の中に木隠れの池があり、それをみたらしの池というとのことである。わけ下ると姫鳶尾（ヒメシャガ）という草の多いところがあった。ここではそれを姫あやめと言い、この坂をあやめ坂と呼んでいる」。

そこから現在の旭又周辺に出た。

ここからがよくわからない。

旭川の左岸を丸太の橋やはしごを使って、いくつも沢をわたった。「炭役所」といって炭を持ち運ぶための野小屋を通り過ぎた。

方角を誤って道を失い、さまよっているうちに日も暮れかかってきた。道に迷っても歌心は忘れない。

「行きなやむ　旅のこころをなぐさめて　雨ふる小野に　すずむしの鳴く」

彼ら歌人にとっては生きているいまこの瞬間こそ、過去であり現在であり未来であった。歌心こそ生きている証しだったのであろう。

あちこちの草むらの中から鈴虫の声が繁かった。

たいまつをともして先に立ってくれる人の、そのほんのりとした明かりが「命」だった。

「草はらの　露さえ見えて　ともし火の　影をしるべに　たどる細道」

そのたいまつが、持っている人の手加減で消えてしまった。

星さえ見えない空の下、なおさまよっているうち、蛍の光がみえてきた。蛍の光に励まされて、先に立つ人が真っ暗な闇の中を黙々と進んでいった。長かったという。ようやく太平の集落につながる道に出た。

この旭又からのコースについては、戦後もある人々が何度もその跡の探索を続けたのだが結局、藪化して道は見つからなかったという。

Ⅳ　毎日登る！

金山の滝ルートの揚柳観音

前岳774m
平成二十一年六月二十八日
(社)日本山岳会秋田支部設立
五十周年記念

太平山三吉神社総本宮 案内

5000日目のその日

2017年1月26日。前日までは暴風雪のため、連日登山口で20㎝も新雪が降った。登山口は標高100mで無雪季に行けば駐車場もあり、小さな東屋もある。冬には登山口までは車は入れない。太平地区の八田から木曽石を経て、仁別に通ずる県道から「金山の滝」に分かれていく地点に、駐車スペースがある。今日が実は私にとって記念すべき太平山五千日目の山行である。

さてここからは、前日の25日の話になる。

この日も30cmほどの新雪が降った。まず、登山口までの300mの雪を漕いでゆく。登山口から長さ7m、幅50㎝ほどの木の橋を渡っていく。上に積もった丈余の雪を、東屋に冬の間に備え付けているスコップで、下の沢に投げ下ろす。

橋を渡ったところでワカンをつけたいところだが、この先しばらく岩場や沢もあるので、ツボ足で登っていく。次に渉る金山の沢では、2年前の4月に10人ほどの人の協力で付け替えた丸木橋を渡っていく。

ここからワカンをつける。25日には3人の入山者がいた。4番地蔵のある360mの地点までは2㎞あるから、一人で深雪のラッセルはきつい。

登山口から前岳女人堂までは、距離は4㎞、標高差は614mある。無雪季だと70分から80分で登れる。

冬季は雪の状態にもよるが、トレースがある場合で90分、最初からラッセルだと3時間でいけないこともある。下山のためにテープを迷いやすいところにつけていく。雪崩の危険があって夏道の跡を登れない箇所がたくさんある。つけていくトレースの地形を慎重に択ぶ。25日は、標高550ｍほどの、私がシナノキ林と呼んでいる地点にやっと登りついたのは、出発から130分を超えていた。この雪ではあと2時間はかかる。明日を期して下ることにした。無理をすると毎日は登れなくなる。


この山に登り初めて五千日目の今日、前日のトレースを利用してツボ足でシナノキ林まで登れた。先行者が一人いた。この3月にネパールヒマラヤのゴーキョ（5483ｍ）に遠征予定の井島辰也さん（県庁ＯＢ）である。トレーニングによく登ってくる。二人で前岳を目指す。2時間20分ほどで女人堂に着いた。積雪はやっと1ｍに達していた。井島さんから太平山五千日の記念に写真を撮ってもらう。いい記念になった。

写真を見ると私の服装は登山のために特別用意したものではない。百均帽、ワークマンのベスト、高島屋通販の冬ズボン、アウターは上下ともほとんど着ていない。履いているベクトランスパイク長靴だけが、私の自慢できるものかもしれない。

五千日目は自分でも拍子抜けするほどいつもと同じように過ぎた。

2001年2月14日

天候にかかわらず毎日、山登りをするのは、口で言うほど容易なことではない。条件のよい晴天の日ばかりではないからだ。

昔から私の山登りは「山行ノート」にこまめに記録している。

初めての山行は、1958年8月12日、北海道大雪山の黒岳（1948m）だった。今日は2017年8月4日で、太平山前岳・女人堂（714m）に登った。これは山行日数にすれば7621日目。こんなふうにすべての山行はノートに記録している。

私が定年退職したのは1998年3月31日。登山を初めて40年がたち、それまでの山行日数は2123日だった。ということは現役時代、1年で平均53日間山登りしている。

現在、退職してからもう19年と5ヶ月になる。この間の山行日数は5498日。1年で282日の山行である。

退職してからももちろん山登りは続けるつもりだったが、毎日山に登るとはつゆほども考えていなかった。せいぜい散歩などで体を動かし、山登りのトレーニングをする程度だった。退職してから2、3年は、秋田市上新城にある大滝山公園（206m）を1周するコースや、冬季には家の背後にある手形山（109m）を歩いていた。大滝山には484日、手形山には106日通っている。

そのうち飽きてきたのか、この両コース以外に太平山前岳まで足を延ばしてみようと思った。

２００1年2月14日である。オーパス・スキー場（１５０ｍ）からリフトに乗り、終点から歩きだした。少し雪を漕ぎ、ザ・ブーンという温泉施設から前岳に登るコースに合流する。そこから上はしっかりトレースがついていた。やがて３３４ｍにある「馬返し」に出た。

夏季は、ここまで二手ノ又林道と呼ばれる車道を県道から2・6㎞走ると達することができる。馬返しからは急坂の連続だ。やはり馬は登れない。

この日はトレースが前岳（７７４ｍ）の手前３００ｍにある女人堂（７１４ｍ）まで、しっかりとつけられていた。

この年の12月5日に失火で消失してしまったが、このときはまだ女人堂には小屋があり、登山者たちが小屋内で暖をとっていた。

なぜか、この日を契機に、「毎日日帰りで女人堂まで登ってみよう」と考えるようになった。

山行日数７７２２日

秋田県にも山岳会は多い。その会員は年間何日くらい山に登っているのだろうか。

私が所属する秋田山岳会でも「年間30日」となると、そう多くはない。この回数で多いほうなのである。年30日を20年続けると６００日、40年続ければ１２００日になる。砂漠をパクパクと息を切らして走っているような毎日を送る経済大国の住人にとっては、「年間30日の山行」は酷な現実かもしれない。

私が勤めていたころの高校の教育現場は今よりずっと余裕があった。教師の自由裁量の分野が現在よりずっと多かった。今のように何から何まで規則づくめ、時間に追われ、魅力を感じない教師像というのは、想像できないことであった。

私は高校山岳部の顧問をしていたから、多い年で年間の山行日数は90日ほどあった。1998年に定年退職したとき、それまでの山行日数は2123日。現在は7722日である（2017年5月現在）。

健康だから続けられたと思う。ほかにも山登りを続けるのに外的な便利な条件が時代とともに備わったことも大きい。

その第一が交通通信手段の飛躍的なスピード化である。1966年に私はマイカー族の一人になった。それまでの山行きはすべて汽車、バス、自転車そして徒歩であった。便利さの裏では林道をはじめ山岳道路建設は目をむくほど破壊的に進められることになる。

1966年までの私の山行回数はわずか100回、一年平均11回に過ぎない。でもこの初期の100回の登山で、登山の基本のすべてを徹底的に叩き込まれた。

この100回の経験が今日までの7000日の山行を支え、安全に登る「山屋の倫理」のようなものを植え付けてくれた。

死にかけたことも何度かあった。1962年の元日、鳥海山吹浦口の単独行で山スキーによる転落事故、1964年8月の槍ヶ岳北鎌尾根単独行などである。

私は日本が戦争に負けた1945年に小学校2年生だった。その時期の飢餓の記憶は生涯のトラウマになっている。飢えて泣いている子供たちの映像はいまでも正視できない。

それでも戦争のなかったこの70年余を生きてこれた。

幸運というしかない人生だが、生き延びることについて、山が教えてくれたことは少なくない。

浪花節だよ、山行きは

私たちは、デカルトやニュートン以来、すべての事象を数字で説明できるというデジタル的な思考にはまり込んでいる。自然は法則通り動いているなどと考えるのは、人間がいかに自然を知らないかを証明するだけだ。

自然も人間も絶えず動き、変化し、循環する。人間が知っていることなどほんのわずかだ。

なぜ毎日同じ山に登るんですか。それは楽しいのですか、とよく聞かれる。

まじめに答えようとすると浪花節になってしまう。理屈すなわち数字でなど表現できないものだからである。

こういう話もある。熊本の水俣病が問題になっていた1960年代、心ある人々が患者たちの支援組織を立ち上げようとした。しかし労働組合の幹部たちは不利な状況や運動の困難さをくだくだと述べ躊躇を隠さなかった。そのときに支援者側の一人である渡辺京二さんは一言こう言い放った。「小賢しいことを言うな、これは浪花節なのだ」。運動はこの一言で前に進みはじめたという。

渡辺さんはあのベストセラー『逝きし世の面影』（平凡社）の作者である。

太平山・前岳に「毎日登山」を始めたころの登山口は仁別の温泉施設のある「ザ・ブーン」だった。夏季はヤマヒルに悩まされ続け、クマにもよく挨拶された。後年、登山口を「金山の滝」に変えた。「ザ・ブーン」のルートが物足りなくなったからである。

当初は、金山の滝ルートはザ・ブーンルートに比べて、花も少なく樹木の種類も少なかった。ところが入山者が多くなると、花たちは俄然活気づき、その種類も数も倍々ゲームになった。前はあまり見かけなかったカタクリ、ヒメシャガ、コキンバイ、エゾイワハタザオ、ルイヨウボタンなどが、いたるところに咲き出したのである。ニシキゴロモなど昨年は2箇所しかなかったのに今年は30箇所で咲き誇っていた。

植物は人間と似ているところがある。与えれたところを動けないし逃げられない。だから動物以上に、感覚や防御の感覚が研ぎ澄まされ、自らの調整システムを持っている。

植物に人間の個体識別はできないが、その人が以前に来たことがある、ということはわかるのでは、という説もある。植物には視覚、聴覚、触覚、臭覚もあるのだそうだ。

動物だって同じ。北米のロッキー山脈でオオカミの家族（パック）に入れてもらって2年間オオカミと生活をともにしたイギリス人の40代の男性の経験を書いた本は衝撃だった。

毎日、花の前を歩いて、「きれいだなあ」と褒め続ければ、花たちも喜んで数を増やすのではないか、とついつい発想も浪花節調になる。浪花節の世界は相互扶助の世界でもある。

その相互扶助の心が人間世界から失われて久しい。モノは溢れてココロは貧しくなる。山を歩きながら、そんなことを考えている。

太平山にはじめて登った日

はじめて太平山の奥岳（1170・4m）に登ったのは1958年9月29日。秋田大学の3年生だった。

その夏に菊地正信君と2人、北海道の無銭旅行を楽しんだ。層雲峡から黒岳（1948m）に登り、足をのばして北鎮岳（2248m）と大雪山（旭岳　2290m）にも登った。

だから正確には太平山は4回目の山ということになる。

1958年は敗戦から13年目、なにもかも貧しかった。家庭教師を3つ掛け持ちしてなんとか小遣いを工面していたので、週6日はそのアルバイトにしばられていた。

学友の新関正広君が、太平山には一度登ったことがある、というので同行してもらった。当時、奥岳へ登るルートはしっかりした山道が5つほどあった。

現在、このうち廃道になったり、ヤブ化して辿れないコースが2つもある。

太平山をめぐるマン・パワーの減衰は、農山村の過疎化と重なり、所得は20倍にもなったのに反比例して急加速している。当時、太平山に登ってもクマの話題など出ることはなかった。クマははるか奥山にいたし、広大なブナ林がまだ重厚に息づいていた。

登山口へのアプローチはバスか自転車、それに徒歩だった。現在の旭又ルートを登ることにした。仁別森林鉄道のトロッコに乗せてもらうことにした。森林鉄道は、1943年に秋田駅前から23・3

km延長され、1968年に廃止されるまで、仁別周辺の住民にとっては便利な営林局のサービスだった。

そのころ仁別までの車道はなかった。務沢（現在の国民の森）で乗り換え、山ノ神（406m）までトコトコ、トロッコにしがみついて運んでもらった。

頂上までの山道はしっかりしていた。林立する巨杉に圧倒されながら、若かったから飛び跳ねるように登った。

御手洗《みたらし》で「おお！甘露甘露」を連発した水のおいしさ。やがて深いブナ林を抜けて稜線に飛び出す。秋の美しい花々など嘆賞する余裕もなく頂上へ。

奥羽山脈や鳥海山の山々の連なり、秋田の街そして日本海に男鹿半島の絶景、感動のあまり言葉が消えてしまった。頂上から見下ろす山腹のブナ林は錦秋の装いの一歩手前で輝いていた。

1958年を境に、秋田県のブナ林はブナ退治という愚策の前に皆伐されていったが、思えばこの山行は逝きし世の面影をしのぶ記念すべきものとなったかもしれない。

下りは弟子《でし》還《がえ》り、中岳と一気に稜線を飛ばし、木曽石集落のバス停まで歩いた。18km近い山道であるが、誰にも会わなかったし、道はしっかりしていたので、何の不安もなかった。

毎日登るための条件

定年退職は60歳。妻は私と同じ年齢で一緒に退職した。中学校の理科教師だった。私は高校で英語を担当していた。子供たち3人は県外の大学に進み、秋田にはいなかった。

一日中、時間は自由に使える身分だ。

しかし、毎日登るとなると山やコースの選択は重要である。家から冬でも日帰りできることがまず第一の条件だ。登山口までは車で行くことになるから走行距離は片道で16㎞内外。山の標高差は600mから700m。距離は片道5㎞ほどがベストだ。登山口に駐車スペースがあり、雨の日などのために東屋があればいい。トイレや下山時のために沢などの水場もほしい。近くに温泉があればなお便利だ。

問題は天候である。天候を問わずに登るとなるとこれは厳しい。風、雨、雪、気温、湿度……どれも毎日違うから同じ山を登っても飽きることはないが、リスクも少なくない。暴風雨はつらいし、冬季のドカ雪、暴風雪、低温などは場合によっては命にかかわることもある。

その日の状況に応じて装備や心構えを臨機応変に変えなければならない。

太平山前岳・女人堂の金山の滝ルートは、家から登山口まで15㎞。冬でも県道なので除雪されている。暴風雪のため除雪が間に合わず、車が通行不能になる日は年に2、3日ほどだ。

登山口はすでに標高100m。滝が流れ落ちる谷の壁につけられた登り道には、凍結して危険なのでザイルが張られている。

女人堂は標高７１４ｍなので、標高差は６１４ｍ、距離は片道４㎞ほど。すべて林の中にあるルートである。樹種はスギ、マツ、ケヤキ、カエデ類に始まって、高度があがるにつれブナ林に変わる。稜線はブナの巨木で占められている。

冬季でもルートは夏道の跡をたどれば問題はない。ただし途中、雪崩の危険のため、夏道とルートの違うところが５ヶ所ほどある。

山道の平均斜度は９度くらい。雪は女人堂でも最近は３ｍ以上積もることはないようだ。

金山の滝ルートは、一年中毎日登山のできるうってつけのコースだ。

例えば鳥海山コースを考えてみる。矢島登山口のある祓川までは秋田市から90㎞だから往復１８０㎞もある。祓川は標高１２１２ｍ。ここから６２０ｍ登るとすれば七ツ釜小屋を越え氷の薬師までだ。象潟登山口の鉾立から登れば、七合目の御浜を越えて外輪までの距離となる。しかも出発地点はすでに森林限界で、陽に炙られ、強風や風雨にあおられて、これを毎日続けるのは不可能だ。

同じ太平山の奥岳（１１７０・４ｍ）へ旭又コース（３００ｍ）から毎日登山を試みたこともあった。5月と6月の二か月間で50日間登った。旭又登山口までは家から車で23㎞、１時間だ。登りに１００分、下り80分が目安だったが、さすがに毎日6時間余りの山行はきつかった。さらに冬季は通行止めがあり登山不可になる。日帰り全天候型毎日登山は疲労との戦いでもある。

心身とも傷つくようなムチャは避けたい。

ベクトラン・スパイク長靴はすごい

靴は山登りではもっとも重要な装備である。登る山によって使い分けるのが原則だが、いずれにしても靴底が大切である。夏でも冬でも底はビブラムの硬いものがいい。新品を手に取れば、いかにも丈夫そうでも実際はいてみれば磨耗が激しく、すぐに底に穴があいてしまうものもある。やはり値段の高いものが信頼できるようだ。

金山の滝ルートでは無雪季にはアプローチ・シューズもいい。実は私は一足の靴が何日使用に耐えるか記録している。アプローチ・シューズでは220日以上も使っているものがある。

以前は夏季にはベクトラン・スパイクシューズをよく使った。

ベクトランは強靭な繊維で防弾チョッキにも使用されている。これは危険な作業をする林業労働者用の靴に使われている。靴に誤ってチェーンソーが触れても跳ね返す耐切創性を持っていて、この繊維の登場は林業労働に革命をもたらしたといわれている。マムシやハブなどの咬傷にも強い。このベクトランを使った登山靴がベクトラン・スパイクシューズである。底には50本のスパイクがついていて、地面に吸い付くような感じで、軽い上に登りやすい。ただしスパイクは岩や石にぶつかるとゆがんで抜けていく。ビブラムが少し柔らかいので、私の経験では80日もたず底に穴が開いてしまった。

ベクトランを使った冬山にも使える長靴もある。これら一連のベクトランの靴は、秋田市の森林作業用靴専門の会社である「みどり商事」が開発、販売しているものである。県民としてこれは誇っていいことだ。

ベクトラン・スパイク長靴は、12本爪のアイゼンをつけなければならないような冬山を除けば、冬季積雪期でも十分に使える。冬山はもっぱらこの長靴で通している。

いま使っている長靴は220日使っても大丈夫である。冬山での長靴は頼りないと思われる人もいるかも知れないが、次のようなエピソードもある。

1902年、八甲田山中の陸軍青森第五連隊雪中行軍で199名の将兵が凍死した事件があった。世界最大の冬山遭難事件といわれている。生き残ったのは数名に過ぎなかったが、そのなかに鷹巣町出身の神成大尉がいた。彼はこの行軍の前に東京でゴム長靴を買い、行軍に履いていった。当時は皮の軍靴か藁沓だったが皮は寒さに弱い。神成大尉は、長靴のおかげで凍傷を免れたという。

北海道アイヌ最後のヒグマ撃ちといわれた姉崎等さんの長靴談義も面白い。彼はあの厳寒の冬の北海道山中を歩くとき長靴だという。沢に落ちて長靴に水が入ったときは決して靴から足を抜かなかった。足を抜いたとたん凍り付いて手当ての仕様がなくなる。グジョグジョと長靴の中で足を動かしていると足は凍傷にかからないのだそうだ。

私は雨の日は年中このベクトラン・スパイク長靴だ。スパッツもいらない。この長靴の寿命は、歩くたびに靴が前に曲げられるので、折れた部分が擦り切れ、そこから水が染みこんでくるときだ。

長靴は一回り大きなサイズを選ぶこと。窮屈だと足の爪が圧迫されて黒くなり剥落することもある。靴下は厚めでゴムのしっかりしたものがよい。私は年中、同じ山用靴下を山でも家でも使っている。

汗と衣類

山登りを続けていて、いつも悩むのは汗の処理だ。夏山でも冬山でもこれは変わらない。

太平山のようなヤブ山の夏は、汗を噴出しながら登ることになる。その人の登り方にもよるが、どんなスローペースで登っても夏は汗が出る。私も頭部の汗取りのためバンダナを巻くのだが、頂上に至るまで何度もバンダナの汗を絞る人もいる。下山すると全身汗グッショリ。汗の跡がすぐわかるようなズボンをはいていると、何度も漏らしたように見えてしまう。

汗まみれの衣服を着替える小屋でもあればいいのだが、そのまま車に乗って帰る人が大部分だ。

太陽の熱で焼けつくように温度のあがった車に入り座るときの不快感は毎日のことながら、溜息も出ないほどだ。

それでも金山の滝ルートは下山してくると沢があるからまだましだ。ここで冷たい沢水で顔を洗う爽快さは格別である。

一昔前は汗の処理など二の次だった。アプローチに車など考えられない時代だったから、汗のため悪臭を放つザックを背負い、平気でバスや汽車に乗り込むのが当たり前だった。

夏山で登り二時間くらいの山行なら、頂上まで汗をよく吸ってくれる綿のシャツを着て、着いたら別のシャツに着替えてから下山する人もいる。日帰りの山行であればこれもひとつの方法である。

汗に関して、人間の体を頭部とその下、という二部門に分けて考えてみる。

頭部の汗は帽子や首のタオル、バンダナなどで処理すればいい。首から下の汗は背中の下にたまる。汗を吸収するのはシャツなどの肌着。しかしシャツは汗の吸収に限度がある。吸収されなかった汗はどんどん下に落ちていく。そしてパンツやスラックスに吸収され、靴の中にまで吸い込まれていく。激しい行動をしているとき、速乾には限度があるから、吸収されない汗は肌にまとわりつく。

水分を吸収しない網シャツのようなメッシュのものを下に着て、その上にシャツというスタイルは、夏の汗の対策にあまり役立たない。それは冬のスタイルである。汗の処理は冬山でも重要である。ヒマラヤなどの高山では、登山中汗をかくことは厳禁だという。汗はすぐ凍りつくからである。

太平山などの低山では、どんなに気温が下がっても猛吹雪で体感温度が急降下することを除けばマイナス20度を下まわることはほとんどない。

夏の汗対策は山行のタイプによって使い分けるしかない。一日10時間も夏山を登下降するのであれば肌着は吸湿速乾のものがいい。夏山でも風や寒さで死ぬ危険は多い。そうした対策としてもＨｅａｖｙ Ｄｕｔｙの衣類は大切だ。以前、ヤマケイ文庫から『ヘビーデューティの本』が刊行された。Ｈｅａｖｙ Ｄｕｔｙとはつまり、丈夫で、かつセルフエイドを可能にすること、と著者は書いている。毎日登山に使う道具に必要なことはまず丈夫で格好もよく使い勝手よく、長持ちするものである。

ストックは必要だ

ストックについても一言言っておきたい。ストックを使うか使わないかは個人の問題だ。若くて体力のある人は使わなくて構わないが、高齢になるとバランス保持のためストックは必要になる。

2004年に刊行された『生と死の分岐点――岩と雪の世界における安全と危険』という登山技術書がある。ドイツ山岳会安全委員会のピット・シューベルトの著書である。このなかに「山ではどんな場合でもストックは必要といっていい。人間は失ってしまった前脚のかわりにストックをつかうのである」と述べている。さらに、「年齢が高くなるほどよりいっそうストックは必要である。ストックを使用すると膝関節と股関節にかかる負荷を35％まで軽減することが科学的調査によって判明している」と付け加えている。

この科学的調査とはザルツブルグ大学スポーツ科学研究所が行なったもので信頼のおけるデータである。

私は、冬山や山スキーならいざしらず、無雪季の登山でストックを使ったことはなかった。ごく最近まで太平山でもストックは使っていない。速く上り下りするのに邪魔になるからである。

しかし後期高齢者の仲間入りをするころから、体を持ち上げたり、バランスを保ったり、下りにスタンスを確実にするため、2本のストックは確実に有効であることに遅まきながら気がついた。2本の足だけで体を持ち上げるのがしんどくなったのだ。

2本のストックを使えば膝や股への負荷を3分の1も減少できる。その代わり腕の力も重要になる。体全体で使うエネルギーは変わらないのかもしれない。ストックがあれば、太平山ではよく道に出て来るマムちゃん（マムシ）を、ひょいとよけ、ストックでヤブに追いやるのも簡単だ。

食料についても一言。私の場合、太平山女人堂は半日コースなので、持参する食料はほとんどない。携帯食として塩飴やチーズくらいだ。食に関しては何の欲もない。戦後の飢餓世代なので、空腹を満たせばなんでもいいという幸せな世代である。

私は高校山岳部の顧問が長かった。山岳競技では選手たちが3泊4日の長期間、雨雪にかかわりなく重いザックを背負い、泥だらけになって山を歩き、湿地のような場所にテントを張り、山行を繰り返す。他のスポーツ競技にこうしたハードさはない。

山登りは自然生態系の過酷な山という荒地で行なう、ひとつの「業」のようなものである。観客はいない。苦しい登行に耐えて得られるものは、登った人の心の平安だけである。汗水たらし、苦しい「業」に耐えることが楽しいと感ずるスポーツである。

山登りは、装備のみならず、心のもち方にＨｅａｖｙ Ｄｕｔｙが求められるスポーツなのだ。

必要な水分は

山本正嘉著『登山の運動生理学百科』によれば、登山で体から失われる水分量は、「5g×体重×行動時間」で表されるという。

これを前岳女人堂登山に当てはめると、「5g×70kg×3時間=1050g」となる。つまり1050gの水が失われることになるわけだ。ただし、この脱水量と同量の水を飲めばそれでいいわけではない。脱水量が体重の2%以下にとどまるようにすれば、水分不足は心配することがないという。

私の場合、体重の2%は1400g。だから3時間程度の山行であれば、あえて水分には気を使わなくてもいいということになる。

毎日登山を始めたころ、山行中に水を飲むことはなかった。飲まなくても大丈夫だった。しかし、脱水量はその日の山の条件、自分の体調などに大きく左右される。脱水症にかからないよう水分補給には気をつけるに越したことはない。

逆に水分の取りすぎも要注意だ。水中毒という言葉があるくらいだ。水を飲みすぎると、体中の塩分が不足し、筋の痙攣や意識障害を引き起こす。といってポカリスエットなどのスポーツドリンクの飲みすぎもよくない。

山の水は真水がいい。不足な塩分や糖分はその都度、塩飴やチーズ、ブドウ糖などで補う。

その日の山の条件によって汗の量も違ってくる。当然水の摂りかたも変わってくる。体が要求するものを知るのは、自分を知ることだ。常日頃、自分の体が発するサインに的確に対応できるようにしておくことが大切だ。日帰りの山行では水を携行できるが、縦走などの場合水の補給が難しいことが多い。冬山ではコンロを携行するから雪から水を作れる。夏山の場合、当てにしていた水場が涸れている場合もあり、入山する前に情報を把握しておくべきだろう。

太平山は低山で稜線部には雪渓もなく、コース途中には沢や水場はあっても涸れている場合が多い。鳥海山などの高山では夏でも雪渓が切れることがない。

アルプスやヒマラヤでは氷河を登ることが多いので、氷河には小さな小川が無数に流れている。日本では北海道の山の水のように、キタキツネの運ぶエキノコックスのような病原体も混じっている。気をつけるに越したことはない。

金山の滝登山口には50年前に完成した堰堤がある。

矢櫃沢の水を集めているが雨が途切れると悪臭を発する。その100mほど上部でわたる金山の沢は、水量が少ないけれど澄んでいておいしい水だ。急流や滝が多いので、いつも泡立って白く曝気され、水質の浄化を行なう微生物に酸素を供給しているから、おいしいのだとおもう。

車社会と山歩き

戦後、山登りを取り巻く環境は激変した。その最たるものが交通通信手段だ。登山口へのアプローチを鳥海山に例をとってみると、私が始めて鳥海山に登った1950年代後半、矢島口は矢島駅から、吹浦口は吹浦駅から歩いて登山口まで行くのが常識だった。

これは夏冬変わらない。

太平山の場合は、金山の滝口はバスで木曽石まで行き、そこから歩いた。皿見内口や野田口も、太平集落を走るバスで近くまで行きバス停からは歩くのが当たり前だった。

自宅のあった今の官庁街である秋田市山王から自転車で登山口まで行ったこともある。旭又口は、秋田駅東口から出ていた営林署のトロッコに乗せてもらった。

戦前、学校の太平山登山は市内の学校から歩いて登山口まで行った。

敗戦前年の1944年、旭北小学校では学校を深夜出発し、六年生は奥岳、五年生は中岳、四年生は前岳まで、日帰り登山をしたという。

登山口だけへ行くのに学校から往復40キロだ。信じられるだろうか。

毎年、正月の山日記には、まず行きたい山の麓へのアプローチ方法をメモするのが決まりだった。北アルプスでいえば、富山、松本、谷川岳へは土合など、そこまでの鉄道の距離数、急行名、運賃などを一覧表にした。山登りは登山口までのアプローチを調べることから始まった。

それを変えたのが車社会の到来だ。1960年、私は阿仁合小学校に講師として赴任、翌年には米内沢中学校に任用された。当時は車など問題外だった。

1963年、米内沢高校に移ったとき、初めてスバル360をマイカーとして使っている人が教員の中に一人いた。1965年、金足農高に移ったとき、マイカー族は10人ほどに増えていた。1966年、結婚を機に私も晴れてマイカー族になった。マイカー族になって山登りの機会は急増した。以来51年間、15台の車を乗り継いできた。走行距離は百万キロを越えたから地球25周分である。スピード違反は何度もしたが事故はゼロ。

若いころはトヨタのパブリカという空冷の700ccに乗って、よく春の岩木山（1625m）にスキーに出かけた。真夜中に秋田を発ち、百沢口からスキーを担いで登り、頂上に着くと麓から一番鳥の鳴声が聞こえた。山を下りて、ゆっくり昼前には秋田に着いた。

敗戦の1945年、私は小学校二年生。秋田に進駐してきた米軍のジープにずっとあこがれがあった。長じて山登りにのめり込み、マイカーブームになるとアプローチに便利なジープ型のトヨタのプラドに乗った。ところが思ったほどは使い勝手はよくなかった。ガスを喰うだけでなく、日本の林道のような狭い道では不便が多く、故障も多いので早々に手放してしまった。

冬山の４ＷＤ

普通の山登りであればセダンで十分だ。県内の山で登山口までセダンでいけないような山は少ない。ただ林道の整備は他県に比較して恥ずかしいほど遅れていて、放置されているといっていいほどだ。セダンでは躊躇してしまう場所が増えたのは間違いない。

太平山でいえば上小阿仁口、丸舞口、白子森などは林道が荒れ放題。和賀岳（１４３９ｍ）に通じる真木林道や虎毛山（１４３３ｍ）、真昼岳（１０６０ｍ）など整備の行き届かない場所は枚挙にいとまがない。

市町村合併が進めば進むほど、「おらほの山」へのこだわりが薄れ、山道は荒れる一方だ。その一方で冬でも除雪が行き届き、冬山の登山口までのアプローチも山によっては車でいけるようになった。でも相も変わらず冬季閉鎖されている道は多い。

太平山の場合、冬場はメインルートの旭又までの15㎞の林道はもちろん、その他の登山口までの林道も使えなくなる。

登山口まで車でいけるのは金山の滝ルートとザ・ブーンルートの2つのみだ。

冬も毎日そのルートを使って上る私は、冬用に４ＷＤの車に乗っている。雪に強い４ＷＤ車だが、過信するととんでもないことになる。

雪解け時期のある日、林道の坂道を４ＷＤで登っていった。道は雪が解けて泥道になっていた。

カーブのところで、タイヤの溝に泥が詰まりツルツルになっていた。アッと気がついたら車はスリップし右側の谷に落ちかけた。はるか下の谷が眼下に見え、これは死ぬ、と直感した。このとき初めて「臨死体験」らしきものを経験した。一瞬、脳裏に23年前に死んだ母が現れた。そしてニコリと笑った。とたん、前輪が倒木の根にぶつかり、谷の斜面でかろうじて止まった。九死に一生を得た思いだった。

冬山へのアプローチは怖い。凍結や吹雪で気の休まることがない。車の高さと同じ高さに積もった道の両側の雪が吹雪で飛ばされると一瞬目の前が真っ白になる。カーブでこの現象に遭って対向車線にはみ出し、対向車と正面衝突寸前になったこともあった。山も車も油断大敵、過信は怖い。

岩登りについて

ハイキング程度の山登りから少しずつレベルを上げていくとすれば、岩登りと雪氷技術の習得は必要不可欠になる。この二つの技術は、夏の山道を登下降する際も必らず必要になる。我流で適当にやっていれば身につくなどというものではない。しっかりした指導者から手ほどきをしてもらうのがよい。面倒だ、金がかかるなどとぼやく人もいるが、遊びにはそれ相応の時間と金を惜しまないほうがいい。

私もこの岩登りの技術の習得には苦労した。秋田県内に岩登りを練習するゲレンデはほとんどない。だから中央や秋田県山岳連盟の講習会に参加したり、岩登りがメインとなる山行を意識的に計画した。岩登りは危険だから一人はなるべく避けて複数の人間で行なうのがいい。お互いにザイルを結び合う。これをアンザイレンという。相手が滑落した場合、もう一人がザイルで確保するためだ。ザックを入れると100kg近い人間の滑落を、ザイルで止める技術を習得するには練習を積み重ねないとても無理だ。

岩登りは下降に登り以上の神経を使う。岩登りの事故は下降中に多い。心身ともに疲れているからだろう。私は単独行が多かったから、できるだけ岩登りの多いルートを選んで登っていた。

槍ヶ岳（3180m）の北鎌尾根（標高差1560m・距離4・4km）を単独行で登った時、進退窮まってしまい、靴を脱いで素足で難場を越えたこともあった。

谷川岳一ノ倉沢ではノーヘルメットの単独行だった。落石がビューンビューンと頭をかすめて飛んでいくので怖くなり、隣りのマチガ沢に逃げ、そこから頂上に登った。

アルプス・マッターホルン（4478m）のヘルンリ尾根ルート（標高差1218m・平均斜度39度）に先輩と二人で登ったときは、慎重を期して19時間もかかってしまった。月光に輝く岩稜をアプザイレン（ザイルに体を絡ませて下ること）を何十回も繰り返し、深夜やっと安全地帯に下りついた。

どんな山を登るにしろ、岩登りの技術は必ず必要だ。

三点支持などの基本はしっかり身につけておきたい。

太平山の一般ルートでもザイルや鎖がセットされている地点がある。こうしたところでもなるべくザイルなどを使わず、上り下りするトレーニングをするように心がけたいものだ。

沢登りについて

　山登りは草原や尾根を登って頂上に達する。尾根と尾根の間には必ず沢がある。沢登りはこの沢を登って頂上に達する。

　太平山は火山ではない。秋田県内の火山を見ればよくわかるのだが、森吉山、秋田駒ケ岳、栗駒山などはどれも優雅なコニーデ型の裾を引いている。

　太平山の山容は険しい。沢も急峻である。ただし標高が低いので、大部分の沢は日帰りで登下降できる。沢登りは原則として無雪期に行う。積雪期は雪崩その他の危険が多いので勧められない。沢は登りに使い、下りは尾根道を使う。

　ただどこの世界にもアウトサイダーはいる。冬季の沢登りや滝登りに楽しみを見出す人たちもいる。日本一の直滝である那智の滝（１３３ｍ）に挑戦し、「ご神体を汚すもの」として逮捕された人もいた。落差日本一の北アルプス立山にある称名《しょうみょう》の滝（３５０ｍ）を冬季に完登した人もいる。沢登りや山スキーは普通の山登りとはレベルが違う。つまり、かなりの技術や知識が不可欠である。

　沢登りはオフロードを歩くようなものだ。山道などないし絶えず水が流れている、水は白く咆える急流となり、岩を穿ち、滝となって、轟音とともに落下している。谷の周囲はつねに濡れている。足元は滑りやすい。直登すると全身に水が襲う。高巻きすると水に濡れた石や草木をつかんで登ることになる。石が飛んでくることもある。マムシやハチなどの虫も多い。どうにもならないときは沢に全身浸かって泳ぐことになる。

沢登りをするにはそれなりの服装や靴、ヘルメットなど必需品となる。パーティで入渓する場合はザイルも必要になる。沢登りには岩登りやザイル操作の技術が欠かせない。沢の途中で事故にあうと救出活動は難作業となる。

沢登りをするのであれば、しっかりした山岳会に入って勉強するのが近道だ。

太平山にも沢は多い。

手始めに沢の面白さを味わえる初心者向きの沢をあげてみよう。

旭又（300m）まで車で入り、そこから馬場目岳（1037・4m）に突き上げている篭沢や、赤倉岳（1084m）へ至る赤倉沢、奥岳（1170・4m）手前にある弟子還沢などがお勧めである。所要時間は一般の登山道の2倍から3倍くらい。

仁別国民の森から軽井沢に入り、1の沢、2の沢、3の沢、4の沢に入渓するのもいい。奥岳の東側には気難しい沢が目白押しだ。

有名なのは岩見三内・丸舞川沿いに夏の丸舞口沢道を歩き、奥岳に達する尾根道登山道が始まる地点（170m）から入渓する篭滝沢（俗称不帰ノ沢）だ。大小数え切れないほどの滝が連続して、滑り落ちて滝つぼに落ちてしまったという話も絶えない。この沢までは日帰りで登れる。

さらに丸舞川から南又沢に入り、その上流にあるネスギ沢や、上小阿仁村の萩形口から大旭又沢に入渓する沢登りは難しいので途中1泊は必要だ。

V

冬山と事故と動物たち

大旭又沢

金山滝
オーパス
スキー場

炭坑跡
炭坑跡

金毘羅宮

雪崩と雪庇

人によって山登りへの姿勢は違うと思うが、山登りに必要不可欠な技術は「雪と岩」の技術だと私は思っている。この技術は、人が一生かかっても究められるようなものではないことも多くの登山者はよく知っている。

太平山のような低山でも冬季の登山は容易ではない。雪は前岳でも2ｍは積もるし、中岳、奥岳はその2倍だ。

急斜面に積もる雪は少しのきっかけで雪崩れる。雪山での雪崩事故の恐ろしさは即、死に直結することである。雪質にもよるが登山者が予期せぬ雪崩に襲われるのは、新雪表層雪崩の場合が多いようだ。とくに粉雪は登山者の鼻をふさいで窒息させてしまうから怖い。運よく救助されても、短時間で救助されないと後遺症に苦しむことになる。

雪崩は30度以下の斜面でも気象条件によっては発生する確率が高い。

私の冬山行は山スキーも含めてほとんど単独行だ。

この斜面は雪崩れたら危険、と判断したら決して登らないことに決めている。しかしパーティで登る場合は、人間関係の複雑さからやむおえず決行する場合もままある。

２０１７年3月27日、栃木県那須連峰で新雪雪崩により8人の高校生や顧問が死亡する事故が発生した。県の高体連冬山講習会でのことである。驚いたのはリーダーである山岳部顧問団のトップが、現場にも行かずにゴーサインを出したという事実だ。

私も高校山岳部顧問の経験が長い。高校生は顧問の指示に従うしかない。雪崩の危険を判断したら、下山するのは鉄則である。その判断は経験と学習の積み重ねによって得られる。そういった意味では那須連峰の雪崩事故は人為的な過失による事故である。


金山の滝ルートの場合も、夏のルート上に雪が降れば「雪庇」になる斜面がいくつかある。そこは避けて別ルートを登るようにしている。太平山のルートはほとんどブナの森林帯である。積雪が多くても森林帯であれば一挙に雪崩れることはない。

太平山の稜線は、前岳側から見ると奥岳まで東北東に走っている。冬季は奥岳に向かうと左側から絶えず季節風が吹きつける。この風が稜線を超えて太平集落側に大きな雪庇を連続して作り出すことになる。


逆にこの雪庇を利用して残雪期には奥岳への日帰り山行も可能になるのだが、この雪庇を踏み外してしまうと危険このうえない。幸いなことに太平山にはそうした事故は過去に発生していない。

2000年3月に、北アルプス大日岳（2498m）の頂上付近で起こった巨大雪庇崩落事故は、文部省登山研修所主催の大学山岳部リーダー冬山研修会でのことだった。

この崩落した雪庇は日本の豪雪地帯特有の巨大雪庇で長さは41m、とても崩れるような代物ではない、と思われていた。それが崩れ、8人が巻き込まれ2人の大学生が流された。彼らの携行していたビーコンによって2人は4ヶ月ほど後、雪崩の起きた場所から4㎞も下流の、6mもの深さの残雪下で、死体で発見された。

大小にかかわらず雪庇は怖い。ベテランの登山家ほど雪庇に対しては臆病で警戒心を怠らないものだ。

冬山の装備

冬山で登りに使うエネルギーは夏山の比ではない。

深い雪のラッセルで体中から汗が吹き出る。稜線では猛吹雪を正面に受けて進む。体全体が寒気に負けないよう、いつも緊張しているからつかうエネルギーも大きいのだ。

吹雪の中では頭のバンダナも汗で凍り付き、堅い輪になって吹雪に飛ばされたことも少なくない。汗を吸った百均で買った化繊の帽子は凍りついて、ただの丸い筒になり、何の役にも立たなくなる。

私は寒さに強いほうだ。他の人が凍傷になるような環境でも無傷なことが多かった。ほとんどの人は、上下のアノラックなどのアウターを着用するのが冬山の常だが、私は冬山でアウターを着ることはほとんどない。余程の猛吹雪でもない限りジャケットは着ない。行動中は肌着のTシャツと長袖のフリース、それにベストである。下半身はパンツとスラックスのみ。これで十分なのだから、生まれながら寒さに強い雪国っ子である。

こんな経験もした。下山後、「ザ・ブーン」で風呂に入った。入ったとたん、水風呂だと叫んで飛び出したことがあった。体が山中の寒気の中で冷え切ってしまい、風呂に入ったとき、体の周りの水温が低くなり、水風呂に入ったような錯覚に陥ってしまったのである。

吹雪の中では耳も千切れそうになるし鼻も感覚がなくなる。それはそれで対処の仕方があるのだが、自力ではどうしようもないのが吹雪の中のメガネだ。メガネが吹雪で真っ白になり、汗で曇り、視界が塞がれるのは何とも厄介だ。こまめにメガネの曇りをとるしか方法はない。

それでも7年前に白内障の手術をして、メガネなしで冬山は歩けるようになった。これはうれしい誤算だった。冬山の眼鏡は本当に厄介なのだ。

手袋はこれまではほとんど軍手を着用していた。太平山クラスでは冬は軍手で十分間に合う。高価なものを買う必要はない。

1972年の正月、上高地から西穂高岳（2909m）に登った。このときも軍手だった。ものすごい吹雪だったが、汗が軍手の内部で凍り付き、軍手の目をふさいでくれて逆に寒くなかったことを鮮明に覚えている。

この話をある登山者にしたら、凍った手袋で寒さを防いだという話を信じてもらえなかった。毎日山に登ることを日課にしているような「変わり者」は少ないだろうから、毎日使える登山の持ち物というのは私の個人的な問題である。それでも毎日使うということは山道具が本物かどうか試す、ベストチャンスでもある。

吹雪とホワイトアウト

冬型の気圧配置が続くと山は連日猛吹雪が荒れ狂う。どんな装備をしても登山などできない。自然の猛威の前ではおとなしくじっと好機を待つしかない。そんなときは山の動物でさえテリトリーから外に出ないという。

１９６４年1月、青森県の岩木山（１６２５ｍ）で大館鳳鳴高校山岳部の5人が頂上から下山途中、猛吹雪に襲われ4人が犠牲になった。私も現場に駆けつけ捜索に加わった。あのときの経験は鮮烈で、今でも私の山行の精神的背景になっている。

あのときの気象を解析した気象庁予報官の奥山巌さんは、「日本の脊梁山脈から日本海にかけての冬の気象は世界でもまれに見る悪条件下にある」と述べている。

日本の山はアルプスやヒマラヤと違って標高が低い故に一年中登山者に開かれている。アルプスやヒマラヤは登山可能期間が限られているし、その期間内でも悪天候の場合は登山など論外だ。日本の冬山でも悪天が予想される場合、登山は見合わせるが、問題は山に深く入ってから途中で悪天候に遭遇する場合である。今述べた大館鳳鳴高校の岩木山遭難もその例の一つだった。中腹のテントを出発するときは晴天だった。だから頂上までたどり着けたのだ。現在ではＧＰＳなどの観測機器が発達しているから大丈夫、という人もいるが、冬山遭難は増加する一方である。

太平山のような低山でも吹雪の恐怖は他の山と変わりない。一歩も動けないことがあるのだ。動けないと体の熱がどんどん奪われる。猛吹雪の中ではツエルトを出して風から身を守るのがせいぜいだ。パーティであれば雪穴を掘って逃げ込むこともできるが、リーダーの裁量によっては事態がさらに悪化することもある。

猛吹雪に関しては苦い経験がある。これまで７７００日余も山に登ってまだ五体満足でいられるのは、１９６２年正月の鳥海山吹浦口の単独行の教訓があったればこそだと、今も思っている。

登山を始めて41回目、天気図も読図もまったくの独学で山スキーも初心者だった。独身で25歳だった。前述した１９６４年正月の岩木山遭難のときと同じく「疑似好天」のまばゆいばかりの蒼空に誘われて、大平小屋（1000m）から山靴にゲレンデスキーをつけシールを張って頂上を目指した。

二つの遭難事故から

御浜小屋（1700m）は雪の下だった。

頂上は神々しいばかりに輝いていたから外輪まで一気に登った。あっという間に猛烈な地吹雪となった。スキーの先端が見えないほどのホワイトアウトだ。それでもどうにか下りつづけ、やっと御浜小屋まで戻ったときは、私の周りは咆哮する白い地獄の空間に変わっていた。

そのとき崖のヘリにでも立っていたのか、スルスルと勝手にスキーが動き出した。あっという間に一回転、雪面に転がっていた。この時、岩に頭をぶつけるか、脚を折るか、顔面を傷つけるかしていたら下山はできなかったと思う。

幸いというか左足のスキーが転落のショックで2つに折れた。

スキーが安物だったのがよかったと思う。片足スキーで、登りのときにつけた目印の赤旗をさがし、やみくもに下りた。地図を出して方角を確かめるか、ザックをおろしてパンでも食べるか、といった余裕はなかった。いや、ザックに入れていたはずの食料がなくなっていたから、ザックが開いていたのであろう。

どこをどう下ったのかわからない。ただ風の方向から日本海の方角を察知、ほぼ2時間ほど下ったところで吹浦口の清水（1395m）にはためいている赤旗を見つけた。思わず助かったと叫んでいた。ここからは標高差400mの蔦石の大スロープを直降すれば大平小屋だった。ゴーゴーという吹雪に押されるように真っ暗な小屋に転がり込んだ。このときの記録は、雑誌「岳人」の応募紀行「ふぶく鳥海＝ある単独行」（1963年12月号）として残っている。

単独行の責任は自分で取れば済むが、裁量不足のリーダーによる雪山の悲劇は救いがたい。
2005年3月末、乳頭山（1478m）で起きた秋田市の高齢者登山グループ「山楽会」の遭難は初歩的なミスによるものだった。

この日は悪天候にもかかわらず、孫六温泉（800m）から稜線にある田代岱小屋（1270m）まで、女性16名を含めた43名の山行だった。

ランチの後、すぐに下山にかかった。下山予定の孫六温泉の方角と180度異なる岩手県葛根田《かっこんだ》川に下りてしまった。誰もそのことに気が付かず、正常なルートを下り続けていると疑わなかった。

翌日、遭難の報が入り私も捜索のため田代岱小屋まで登った。
その時点でも彼らは孫六温泉側に下山していたと思い込んでいた。結果的には一晩のビバークの後、翌日の夜から翌々日の未明にかけて、全員が無事に岩手県側の滝の上温泉（680m）で救出された。

下山途中、一人でも地図とコンパスを出して確認する人がいなかったのだろうか。

スリップ事故

スリップとは滑ることだけでなく、石につまずくなどの歩行リズムが乱れることもさす。山は斜面だからスリップすれば必ず滑落する。場合によっては致命的な傷を負うことになる。マラソンなどでは、次に自分の足をどこに置くかを考慮する必要はない。山では大小の岩や石、水溜り、濡れた草や地面の見えない藪のなかを進む。一歩間違えば、崖から転落してしまう道もある。スリップの危険が予想されるところでは、岩場であればアンザイレン（お互いにザイルで体を結び合うこと）して滑落に備えるし、氷の斜面ではアイゼンを靴につけ、ピッケルで氷の斜面に足場を作って登る。

太平山でもスリップによって起こる事故は数限りなくある。丸い石に乗って滑ったり、濡れた岩に足をとられたり、大きな石を抱いてそのまま落ちたり、体を持ち上げるためにつかんだ草木が抜けたり、誰しも必ずひとつかふたつ危ない目に遭った経験はあるだろう。

スリップは体のコントロールが失われることだ。どこでどう止まるかは、まったくの運しだい。登山者にできることはスリップしないように、最大限の注意を払うことしかない。そうした事故に遭遇した場合、どうするか考えておくことも重要である。

それでもスリップは起こる。スリップは街でも日常的に頻発している。

先日も私の友人が自動草刈機で事故を起こした。路肩の急斜面で夕方作業をしていたのだが、スリップして頭から落ち、下のコンクリート側溝に後頭部を撃ち即死だった。

２０１２年５月には太平山の野田口で、ある夫妻があと少しで沢に下るという地点で、後から歩いてきた妻が、「アッ」と声を発して視界から消えた。なぜスリップしたのかはわからない。夫が駆けつけてみると、左側の急斜面を転げ落ちていく姿が見えたという。とても自分の力量では降りられない急斜面だったので、いったん沢に下りて、沢沿いに上ると、すでに夫人は虫の息だったという。救援を求めて夫は７㎞の道を野田集落まで走った。妻はヘリによって収容されたが、倒木が体に刺さり結果的には助からなかった。

太平山は低山だし稜線近くまでブナなどの森林に覆われている。冬でも雪面が凍結して危険なところは、弟子還りなどの岩場を除けば少ないほうだ。スパイク付きの長靴でほとんど歩けるのだが、前述のようにスリップは季節を問わず発生している。

山道はもちろん沢登りなどの錯綜したルートでは、よほど注意しないと、時計や眼鏡を壊されるのはいいほうで、足をくじいたり、打撲によって痣の地図を体中に作ったりする。

お互い笑いあえる余裕のある山行で済ませたいものだ。

雷は怖い

雷は怖い。文句なしに怖い。それを避けるには山に登らないこととしかない。

登山途中、天気が急変して雷雲が発生する場合もある。登山中、雷の直撃を受けて登山者が死亡した事故はたくさんある。

なかでも11人の死者、９人の重軽傷者を出した１９６７年８月１日、北アルプス西穂高岳（２９０９ｍ）の独標（２７０１ｍ）で起きた事故は、私の中ではまだ記憶に新しい。長野県の松本深志高校二年生50余人が、恒例の集団登山で快晴の稜線を登高中、雷に襲われた。岩が火を吹き、高校生たちは鋭い岩稜をなす稜線から弾き飛ばされたという。

雷は何十億ボルトの力を持つ。金属類を通して人体を貫通する。ピッケル、アイゼン、靴底の鋲、テントの金属性ポール、帽子につけたバッチ、ベルトのバックル、衣服のチャックなどが危ない。

私は雷撃を受けたことはないが、雷雲に囲まれて震え上がったことは何度かある。

初冬の鳥海山でピッケルが震えだしたことがあった。太平山前岳の近くで、ブナ林を雷光が走り、身が竦む思いがしたこともある。

自然の力に逆らうことは愚かなことだ。雷が近づいていると知ったときは、即、下山するに尽きる。人間にできることはそれしかない。

戦場でわずか数センチ離れている人が敵の銃弾で即死し、自分は無事だったという話はよく聞く。ただ仮にそうした修羅場を生き残れても、そのトラウマはおそらく一生消えることはないだろう。

つまりそうした悲劇は周りの人すべてに深い傷を残すということである。

死んだ人と、どんな形であれ生き残った人とは、しかし決定的に違う。

生きているだけで空気も吸えるし、水も飲める。死者は何一つできないのだ。

ツキノワグマのこと

ツキノワグマの人里への出没が新聞に載らない日はない。連日のように人間圏に姿を見せる。元来、ツキノワグマは臆病な動物である。進んで人間の世界に姿を見せる動物ではない。クマの行動を決めるのはエサの有無だ。もともと奥深いブナ林などに棲み、人間とは隔絶した世界に棲んでいた。そのクマが人間の世界にビクビクしながらやってくるようになったのは、彼らの棲んでいる山にエサがなくなったからだ。

一昔前、太平山に登るときにクマと遭遇するなど考えもしなかったことだ。クマはずっと奥山に棲んでいると思っていた。

一昔前、秋田県の山々は見事なブナ林にすっぽりと覆われていた。

1954年ごろから始まった拡大造林政策は、厚いブナ林で覆われていた奥山を次々に裸にし、その跡にスギ、ヒノキ、カラマツなどの針葉樹を植えることだった。針葉樹林に動物たちのエサは少ない。加えて河川にはダムや堰堤を乱造、水の流れていない河川が増えた。それがサケなどの遡河性回遊魚の山への遡上を遮断した。サケは海から山へ無機栄養塩類を運んでくれていたのである。結果、奥山の木の実がならず、動物たちのエサがなくなっていった。

「森は海の恋人」は同時に「海は森の恋人」なのである。さらに人間の経済活動によって大量に空中に放出されるSOX硫黄酸化物によって山々が酸性化してしまった。マツ、ブナ、ナラなどの樹木の枯れ死はその結果であろう。

クマの人里への異常な出没は人間の仕業なのである。ブナの実の豊凶で説明のつくことではない。クマの出没が人間の社会活動を阻害している現実を放置しておくことはできないが、当面は、その傷口に絆創膏をベタベタ張るような臨時の対処策しかないかもしれない。

毎日山に登っているとクマに遭うことはよくある。冬眠期間を除けば彼らは常に隣にいると思えばよい。お互いに不意に遭遇するとびっくりするから身構える。自衛のために傷つけることもある。しかし人間は彼らにとって捕食対象ではないから、彼らはすぐ逃げ去ってくれる。

だから彼らにこちらの存在を察知させることが必要である。鈴などをつけて登ることが一番いい。ツキノワグマは視力はよくないが聴覚や嗅覚はいい。音や臭いで茂みに隠れ、じっと人間をやり過ごす。登山者は山菜取りと違って彼らのエサを採るために山に入るわけではない。基本的には誰しも山の動物と仲良くしたいと思っている。

２０１６年、鹿角市でタケノコの季節に４人もの人がクマと遭遇し、運悪く死んだ。亡くなった人の家族や畑の作物を荒らされた人たちは、その苦悩を隠して「山のおかげで現在がある」「クマばかり悪いとはいわれない」「山に居づらいから食うために下におりてくる」とクマを弁護するような言葉も新聞に証言している。

彼らと身近に暮らしている人々は、クマたちの苦しみもよく知っているのである。

山の荒廃を放置して、やむなく里に下りてきたクマを駆除していけば、いずれツキノワグマはいなくなる。森林生態系の頂点捕食者であったオオカミを絶滅させた日本の山で、クマは重要な役割をはたしている。

ザブーン・ルートで前岳を目指していたとき、上空でポキポキ枝が折れる音がした。見たらイタヤカエデの上に伸びたサルナシの実を食べるクマがいた。私の鈴の音を聞いて、急いで木を降りようとしていた。立ち止まって観察していると、地上に降りる前にチラリとこちらを見てから、そばの薮に消えていった。

下山の時、その同じ木にまた同じクマがいた。私の鈴に気がついて、またも急いで木を降り逃げ出した。私のために二度も同じことをさせてしまった。

そんなこともあり、その後、一ケ月ほどコースを変えたこともあった。

こうしたことは何度も経験したが、この経験の後は、登り途中でクマに遭ったときは潔く下山することに決めた。

山はそこにすむ動物たちの唯一の家だ。人間が他人の家にずかずかと押し込み、「道をあけろ」というのはゴーマンである。

マムシとスズメバチの話

前岳・女人堂のベンチに座って、ふと後ろを見たら、ミネヤナギの葉の上にマムシがチョコンとトグロを巻いてこちらを睨んでいた。マムシには何度も睨まれたが、咬まれたことはない。山中でマムシに咬まれたら厄介である。病院まで短時間で運ばなければ命取りになってしまう。ヘリがあるだろうという人もいるが、ヘリは悪天候では飛べない。

現在と違って60年前の1957年ころ、秋田県内の山のガイドブックはほとんどなかった。地図も5万分の1だけで、山へのアプローチとして利用される鉄道や道路も貧弱そのものだった。

1957年夏に、秋田県の乳頭山（1478m）から岩手県葛根田川上流にある滝ノ上温泉（680m）まで歩いた紀行文がある。串田孫一編『忘れえぬ山』全3巻（旺文社文庫）の中にある「乳頭山から裏岩手へ」だ。著者は「仙台山想会」の創立者・岡田喜秋。この2年後の1959年4月に『東北の山旅』（山と渓谷社）というガイドブックが初めて刊行された。

本格的なガイドブックはこれがはじめてである。

岡田さんの紀行を読んで仰天した。

乳頭山の下りでマムシに何度も睨られ、立ち往生していたからである。当時近くにある網張温泉（770m）は今にも崩れ落ちそうな小屋だった。その湯にもマムシが時折入ってくるから、ゆっくり温泉にも入っていられない、と岡田さんは書いている。マムシよけにネットが必要だから「網張」温泉だ、というわけである（もちろん俗説であるが）。その網張温泉に泊まって岩手山に登った時に、小屋番のオヤジからから聞かされた「マムシの話」には体がこわばった。2mもあるマムシが何メートルも飛んで襲ってくる、というのである。実際、葛根田川流域はマムシの生息密度が濃く、その捕獲のため製薬会社が地元の人を雇っていたほどである。

怖いと思った相手は、その相手を知ることが最もよい対処法だ。マムシなどその典型だろう。確かに死に至る毒を持ったヘビではあるが50㎝ほどまで近づかないと咬むことはないおとなしいヘビだ。短くずんぐりしていて頭が三角形なので見分けやすい。なによりも他のヘビのようにすぐ逃げたりしない。ヘビは益虫だ。殺すことは避けたい。

山道でマムシを見つけると、「マムちゃん、ちょっとよけてくださいね」とストックでそばの藪まで逃がしてやることにしている。

殺そうとしたり、捕まえようとしないことが肝心だ。登山靴を履いていれば大丈夫である。

一昔前、マムシに咬まれたら「心臓に近いほうをきつく縛れ」とか、「ナイフで患部を切って血を吸い出せ」とか教えられた。これらはすべてやってはいけないことである。アメリカの毒蛇の権威・ラッセル博士は、ガラガラヘビなどに咬まれても、「あわてるな、縛るな、切るな、酒を飲むな」と言っている。つまり何もしないで医者に連れて行け、というのが正解だという。

ちなみにマムシ同様に怖いのがヤマガカシだ。このヘビは気性が荒い。いつか太平山でコブラのように頭部のエラを広げたヤマカガシが威嚇してきたことがあった。これは怖かった。

でもマムシやヤマカガシよりも怖い虫類が太平山にはいる。スズメバチだ。なぜか太平山にこのハチは多い。登山道から10ｍも離れていない大きなイタヤカエデの枝に、直径30㎝以上もある巣が一晩で吊り下がっていたことがある。大きなハチが矢のように顔を掠めたので気がついた。冬になったら落としてやろうと思ったが、幸い強雨が流し落としてくれ助かった。

今夏（2017年）の「秋田山岳会」会報に、ある沢登りの記録が載っていた。太平山系の馬場目岳（1037・4ｍ）の南西にある馬場目岳沢の話だ。ここを遡行し、薮の中を頂上に向かって悪戦苦闘していたとき、突然スズメバチの群れに囲まれた。無我夢中で逃げ、追ってこないことを確認し、隣の沢を越えて難を逃れたという。

スズメバチは二度目が危ないという友人もいる。一度めはどうということもなかったが、二度目の時は目の前が暗くなり意識朦朧となったという。考えてみればクマよりも怖い。

ヤマヒルの話

なぜか太平山にはヤマヒルが多い。とくに仁別側に、夏になれば出没する。杉林が多いからだろうか。ヤマヒルの血を分析した人によれば、人間とカモシカの血が半々だという。人間はヤマヒルに吸いつかれても手で取り除けるが、カモシカはそれができない。瞼や耳のなかに入られると命取りになる。ヤマヒルに殺されたカモシカの顔面は見るも無残なほどだ。

ザ・ブーンから前岳に登るルートは杉林が多いので、夏になると集中的にヤマヒルが出る。初めての登山者は馬返し（334m・オーパススキー場リフト終点付近）で一休みする。ここで体から血が流れているのに気が付く。そのまま前岳に登っていくと休息するたびヤマヒルは振り落とされる。ヤマヒルの恐ろしさに二度と太平山に来なくなる人もいるのが残念だ。

毎日登山を始めた2001年ころ、夏でもこのコースにヤマヒルは出なかった。最近は金山の滝コースにもヤマヒルは出没する。今年も昨年も5匹ほどに吸い付かれた。彼らは忍者だ。いつ、どこで、どのように吸い付くのか、だれもわからない。気がついたら、体からもぎ取り、ライターで焼いたり、鋏で切ったり、塩をまぶして落とす。それでも風呂に入るとき体や衣服についていたり洗濯機の下で見つかったりするからやっかいだ。

登山者のなかには、ヤマヒルに弱い人もいて入院したケースもある。

蚊やブヨなどの虫に刺されて血が出ても、いずれ血は止まる。なのにヤマヒルに吸われるとなかなか血は止まらない。ジュクジュクと長時間皮膚から血がしみ出てくる。血が止まっても痒みがしばらく続く。ヤマヒルがいやな人は山には登らないほうがいい。気をつければ別にどうということもないのだが、要は付き合い方である。

太平山のヤマヒルは注意すれば防げるが、ヒマラヤなどのヤマヒルはそんなレベルではないようだ。ある日本人パーティーの一人が谷川の水をすくって飲んだとき、ヌルヌルしたものが一緒にのどを通った。そのことを現地の人に話したら、それはヤマヒルで、いずれ血管を通って脳に達し明日の命は保障できない、と言われた。彼は急いで塩や醤油をがぶ飲みし、遺書まで書かされたという。

先日読んだ本には、太平洋戦争中のフイリピン戦線で、日本の軍人が飢えに耐えかね、いくらでもいるヤマヒルを鉄兜で煮て食べたという記述があった。鉄くさくてはき出したという。ヒマラヤの登山隊の記録を読むと、テントから用足しに出て行った隊員は決まって顔中にヤマヒルをぶら下げて帰ってくるという。1930年代のイギリス・エベレスト登山隊（チベット側）の記録のなかにも、体中をヤマヒルに吸い付かれながらも平気で登っている隊員の話が出てくる。山とヒルは切っても切れない関係にあるのだ。

冬の環状ルート

太平山の金山の滝ルートであれば、冬山も条件のいいときは夏山とあまり変わらない。先人のトレースがあり、それを利用して多くの人が登り下りするのでトレースが凍路になる。頂上までのルートを最初に開くときは細心の注意が必要だ。

雪崩が起こらないか、雪庇が崩れないか、吹き溜まりがないか、雪の表面はどう変化するか、などその後の気象条件を勘案して慎重にルートを決めることになる。

冬山に定まったルートはない。冬山は寒い。その寒さの中で行動できる体力、意欲が求められる。太平山の場合、奥岳をはじめとする稜線に達する冬山のルートは原則として夏山ルートがわかりやすい。夏山と違うところは登山口までのアプローチが長いこと。長い林道の深い雪をラッセルしていくにはワカンやスキーが便利だが、奥岳や馬場目岳に日帰りで登るのは無理がある。

雪がやや落ち着いて稜線を登山靴だけで歩けるようになると、金山の滝登山口から入山して、奥岳まで日帰りで往復できる。ただし金山の滝を午前一時ころ出発しての話だ。

旭又まで歩いて入り馬場目岳に登って赤倉岳を経由して奥岳に至り、そのまま稜線を縦走して中岳、前岳といわゆる環状ルートを毎年歩いている人もいる。途中、馬場目岳頂上と奥岳頂上にビバーク、2泊3日で踏破できるという。この環状ルートを最初に踏破したのは1961年3月、5人の秋田山岳会のパーティだった。3泊4日の山行だった。

私は今でも毎冬100日くらいは入山する。冬山は一日として同じ条件の日はない。毎日のように変化している。一日の山行で何か一つでも新たな経験や知識が得られれば十分だ。

一昔前はスキーといえば山スキーだった。山に降り積もった雪を利用して、千変万化の斜面に自分のシュプールを残しながら滑り降りてくる爽快さはなにものにも替え難い楽しみだった。山の自然を傷つけないことも楽しさを倍化させてくれる。

それに比べればゲレンデスキーは山を破壊する最たるスポーツだ。山の樹林を広い面積で剥ぎ取り、重機で斜面をならし、その跡にゴンドラやリフトを作る、雪が降ったら今度は圧雪車で地面をつぶしていく。すべりおりる人は重力に身を任せるだけで汗もかかない。

冬の登山活動においてスキーを活用できる分野は目的とする山によって違う。山麓でのアプローチや、氷河登行などにスキーを使うことも多い。日本では冬季、多くの降雪に恵まれた山々ではスキーを使って頂上まで登り、一気に山麓まで新雪を滑り降りる山岳スキーが一般的である。

スキーの下にシールをつけて頂上まで登れる山も多い。秋田県の山々では冬季スキーで頂上まで登れない山はない。

太平山の山スキー

雪の斜面を山スキーを担いでの登りにはそれなりの時間がかかる。しかし下りは、圧倒的に速く降りてこれる。

3月から5月にかけての残雪期は、鳥海山の矢島口でいえば、標高差1000m、距離4・4km、登りに3時間かかっても、下りは15分ほどだ。秋田県の山々は険しい岸壁などは少ないが、山スキーには最適な緩やかな斜面を持った山が多い。冬山の楽しみには事欠かない。山麓には多彩な温泉が待っている。

雪の少ない地方から秋田に転勤してくる人たちには、「秋田に来たら山スキーの楽しみを覚えてください」と勧めている。

太平山の山スキーは樹林帯の滑降がメインとなる。

鳥海山や秋田駒ケ岳のような高山でしかも火山では森林限界の上部は一面の大斜面に一変する。尾根は緩やかなので、樹林帯の中でもスキー操作に苦労することはあまりない。

太平山は尾根が急峻である。しかもほとんど樹林帯なので、スキー操作には気を使う。標高も低いので雪の量が少ないうえに残雪期も短い。だから山スキーのシーズンは2月、3月に限られてくる。

山麓までのアプローチも難しい。奥岳や馬場目岳で山スキーを楽しむには旭又まで入らねばならない。丸舞や野田コースでは沢歩きが長い。

旭又まで入れれば、ここをベースに山スキーのコースは3本ある。馬場目岳までは夏道の尾根を登る。稜線部分は新雪が深ければウエーデルンが楽しめる。コースの下部は急な杉林になっているが、ここも雪があれば下までスキーで下りられる。

赤倉岳（1093・1m）へのコースが太平山中でもベストコースかもしれない。中腹のブナ林帯（標高差400m）の滑降は斜面も素直だし、ブナの樹間を縫って山スキーの醍醐味を満喫できる。

旭又から奥岳までのスキーコースも夏道の尾根を使えばよい。山頂から標高650mくらいまではブナ林の中の滑降となる。その下部は尾根も狭くスキーを担いで下ったほうがよい。

オーパススキー場のリフト終点（334m）から前岳（774m）を経て中岳（951・7m）まで、また金山の滝から前岳を経て中岳までは、雪が深ければ山スキーを十分楽しめる。特に中岳から前岳までのブナ林がよい。

前岳からはオーパススキー場までの斜面もいいし、金山の滝コースはけっこう山スキーが楽しめる斜面が多いのである。

中岳遭難死亡事故の考察

２０１７年2月18日、秋田商業高校教諭のＨ（54歳）さんが中岳（９５１・７ｍ）に登り、下山してこなかった。

この日、金山の滝ルートからは７人が入山している。そのうちの一人がＨさんだった。彼が登ってきたとき、私は下山の途中だったので、挨拶を交わしている。

18日の前の2日間は、2月にしては珍しく激しい雨が降った。2月の雨は登山者にとって非常に危険である。雨が雪にしみこんで、きまって冬型に変わる。山は一気に凍りつく。

登山口を出発したとき気温はマイナス3度。これでも暖かいほうだ。しかし次第に冬型気圧配置が強まり、気温は急降下。全山が氷の山と化していった。毎年こうした日が何日かある。

Ｈさんは、かすかについていたトレースを目安に中岳に向かった、と思われる。誰もその姿を目撃していないので、これは私の推測だ。彼の服装は上下黒のアウター、青いザック、ストックだった。これは遠くからは見つけにくい。冬山では服装にも目立つ色がほしかったところだ。

冬山に登るのは夏山とはレベルがまるで異なる行為だ。登山というのは突き詰めれば雪との闘いである。雪の技術をマスターしない限り冬山登山は難しい。

中岳の頂上から下山しはじめると、ほどなく右手に曲がり、登ってきた前岳へのルートに入る。右手に曲がらず、まっすぐに下るとかつての寺庭ルートになるが、現在は夏も登山道はない。

彼が行方不明になってから、私は多くの人に中岳の「下り」について訊いた。右手に曲がらず、寺庭コース側に間違って行きかけた人が多いことに驚いた。Hさんもその一人だったのではないのだろうか。後日、Hさんの携帯電話の場所が県警によって明らかにされた。66日後、実際にその場所で彼は発見されている。携帯電話は18日から3日間通信可能だった。携帯電話は彼の体から離れてしまったのだろう。

あくまでも私の推察だが、彼は闇雲に間違ったルートを下り続けた。気がついたときは、もう標高差200mも下っていた。2・5万分の地図でいえば標高732mの地点。登り返す体力はなかった。うろうろするうちにスリップ。標高差150m、距離にして300mを滑り落ちた。発見されたとき、体に傷がなかったことを考えれば、運よく止まった後は、ひたすら下り続けた。冬山で沢に下りるのはもっとも危険な選択だ。おそらくそんなことすら考える余裕がなかったであろう。彼が下った斜面は斜度30度以上、巨岩が散在し、ブナ、ミズナラ、センノキなどの巨木が林立。雪崩の危険が絶えずあった。

事故の一報は翌19日午後に聞いた。

この日、私はすでに下山後だったが、確かに黒い車が昨日もあったし19日にもそのままで奇異には思っていた。なかには奥岳まで縦走する人もまれにはいるから、そのひとりなのだろうと思った。

彼の妻が警察に届け出たのは19日の11時。この間、彼が生きていた可能性は高い。金山の滝コースは中岳まで標高差850m、距離5・7㎞、前岳までトレースがあれば冬山でも日帰りで登れる（トレースがない場合は難しいが）。

20日、21日と捜索隊が入山。秋田市の山岳会からも多数の人が救援作業に参加してくれた。仕事をなげうっての参加である。冬型の悪天候が続き、二次遭難の恐れがあり、とても現場付近に近づけるような状態ではなかった。私も後になって現場近くまでいってみたが、悪絶の谷で、いつ雪崩がくるか不安だった。

さて4月24日。この日、秋田市消防本部の若手二人が、非番の日を利用して中岳に登る。彼らは2月にも捜索に参加、ぜひHさんを発見したいと考えての山行だった。

前岳の南尾根の急坂を矢櫃沢に下る。県警が明らかにしてくれたピンポイントが目標地点だった。そのピンポイントは標高600mの地点。近づいていくと沢の中にストックを発見した。さらに青いザックを見つけ、そのそばに下半身が雪の中、上半身が仰向けに雪上に出ているHさんを見つけた。彼の左手の上の雪面には、飲んだとおもわれるペットボトルとテルモス、風や雪対策に使ったかもしれない折り畳み傘もあった。

彼は精も根も尽き果て、ここで動けなくなったのではないだろうか。

翌日、悪天が迫る中、消防、県警の合同隊が入山、搬送の準備をしてヘリコプターが遺体を吊り上げた。

広大な山で一人の人間を発見することは難しい。携帯電話を所持していたおかげで場所が特定され発見につながった。秋田市消防本部の発見者二人には心から感謝したい。

太平山に登っていると、いやなこともたまにある。冬山遭難などその最たるものである。山には人智の及ばないこともある。自然や登山と真面目に向き合うこと、人間関係を大切にすること、なによりも山に対して謙虚になること、これにつきる。

おわりに

学生時代に北海道に無銭旅行、何の気もなしに大雪山に登った。言葉を失う光景を目にし、山登りにのめりこみ、以来59年の月日が経った。幸い病院などには縁がない体だったので、この年まで切れることなく山登りを楽しんできた。これまで記録してきた限り私の生涯で「７７５０日」間、山登りをした。単純計算すれば1年で平均１３０日間、山に登っている計算だ。というと驚く方もいると思うが、１９９８年に60歳で退職してから「毎日登山」を始めたから、その数字が加わわって飛躍的に大きな数字になってしまった。

現役教師時代は年平均55日ほどだった。退職までは日本の山々はもちろん世界中の山々にも足をのばした。どこの山に行っても最後は日本の山がベストだと思った。

太平山・前岳への「毎日登山」といっても午前中で終わるようにしている。終日、登山にばかり時間をとられたら体を壊して、臥せていたかもしれない。

この本には、太平山を中心として、これまでの山登りの経験で知りえた事柄についても綴らせてもらった。これはあくまでも私が生きた時代の山登りであり、これからの時代の山登りでは、その知識もノウハウも違ったものになるのだろう。

しかし、それもこれまでの人々の山登りの経験と知識の上に咲く花である。その謙虚さを若い人たちには忘れないでほしい。

人類が地球の主人公として君臨して、わずか1万年。昨今の地球環境の激変、それも悪しき兆候はすべて人類の「業」である。山岳氷河の消滅ひとつとっても、これからの山の変化は恐ろしいものになるだろう。

自然も人間も絶え間なく変わる。そのなかで生きていく叡智を養うには、正直に、謙虚に、そして勇気を持って進むしかない。

金儲けとは縁のない山登りこそ、その一つの道場になる、と私は思っている。

本書の刊行に関しては無明舎出版、安倍甲氏のお世話になった。

登山が趣味の安倍氏と何度か山中で会い、5000日のことを告げると、「それ本にしましょう」と提案された。書き下ろしは無理だが、無明舎のホームページに連載という形なら可能なので引き受けたが、細かな文章の表現上などでいろんなアドバイスをいただいた。感謝したい。

また大旭又沢遡行の貴重な写真を提供してくれた秋田山岳会の八柳泰輔氏と浦山沢樹氏に心から感謝したい。

2017年冬　著者

大平山登山口

著者略歴

奥村　清明（おくむら・きよあき）

1937年秋田県由利本荘市生まれ。
1998年３月県立高校を定年退職。
秋田山岳会元会長。日本山岳会会員。白神山地のブナ原生林を守る会事務局長。秋田県自然保護団体連合代表理事。
著書に、
『秋田の山登り50』（無明舎出版）
『秋田のハイキング50』（無明舎出版）
『白神山地ものがたり』（無明舎出版）
共著『ブナ林を守る』（秋田書房）
『ブナの日々』（白水社）等。

太平山5000日

発行日　2018年２月10日　初版１刷
定　価　（本体1600円＋税）
著　者　奥村　清明
発行者　安倍　甲
発行所　無明舎出版
秋田市広面字川崎112-1
電話（018）832-5680
FAX（018）832-5137
印刷・製本　シナノ

ISBN978-4-89544-643-3

奥村清明の本

白神山地ものがたり

A五判・八六頁
本体九〇〇円＋税

「白神山地」はどのような経過で世界遺産に指定されたのか？　市民たちが関わった自然保護の運動と山の見所を1冊に編んだブックレット。

秋田の山登り50

A五版・一一八頁
本体一六〇〇円＋税

隣県の山も含め、主要50コースを初級・中級・上級別に分けて紹介。全コース徹底体験取材によるオールカラー版ガイド。

秋田のハイキング50

A五判・一一〇頁
本体一六〇〇円＋税

里に近い低山と渓谷、滝、高原、森、サイクリングの最適までも詳細にガイドするオールカラー版アウトドアガイド決定版！